Paul Hensel
Rousseau. Eine Biografie

SEVERUS Verlag

Hensel, Paul: Rousseau. Eine Biografie. Eine philosophische Betrachtung. 2022
Neuauflage der Ausgabe von 1912
ISBN: 978-3-96345-363-2

Korrektorat: Vanessa Abdulai, Ivonne Böttger
Satz: Sarah Schwerdtfeger
Ergänzendes Vorwort: Vanessa Abdulai (© SEVERUS Verlag)

Umschlaggestaltung: Annelie Lamers, SEVERUS Verlag
Umschlagmotiv: www.pixabay.com

Bibliografische Information der Deutschen Nationalbibliothek: Die Deutsche Nationalbibliothek verzeichnet diese Publikation in der Deutschen Nationalbibliografie; detaillierte bibliografische Daten sind im Internet über https://dnb.de abrufbar.

Der SEVERUS Verlag ist ein Imprint der Bedey & Thoms Media GmbH, Hermannstal 119k, 22119 Hamburg

SEVERUS Verlag, 2022
http://www.severus-verlag.de
Gedruckt in Deutschland
Der SEVERUS Verlag übernimmt keine juristische Verantwortung oder irgendeine Haftung für evtl. fehlerhafte Angaben und deren Folgen

Paul Hensel

Rousseau.
Eine Biografie
Eine philosophische Betrachtung

SEVERUS

Editorische Notiz:
Der Text der vorliegenden Edition beruht auf der Ausgabe:
Prof. Dr. Paul Hensel: Rousseau. B. G. Teubner, Leipzig 1912. Die Orthographie wurde be-
hutsam modernisiert, grammatikalische Eigenheiten bleiben gewahrt. Die Interpunktion
folgt der Druckvorlage. Der Inhalt ist im historischen Kontext zu lesen.

Inhalt

Eugen Kühnemann

gewidmet

Vorwort des Verlags

"Niemals ist bei Rousseau sein Wissen totes Besitztum geworden, immer war es Bestandteil seines Lebens, weil es nur im Zusammenhang mit dem Lebensgefühl erworben und behauptet werden konnte."

Hensel gibt einen Einblick in die Gedankenwelt des oft missverstandenen Rousseaus und schildert neue Sichtweisen. Jean-Jacques Rousseau hatte die kontroverseste und einflussreichste Ansicht gegen den Fortschrittsglauben der Aufklärung: Er schockierte durch die Aussage, dass die Gesellschaft, wie sie in der zweiten Hälfte des 18. Jahrhunderts existierte, keine Errungenschaft darstellt, sondern einen Irrweg. Zwar könne man sich dem nicht entziehen, sollte diesen deshalb aber noch lange nicht für korrekt halten. Im „Gesellschaftsvertrag" vertrat er die Theorie, dass der Staat als politische Organisation auf einem Vertrag beruhe, der von den Bürgern freiwillig eingegangen werde. Sein Entwurf vom mündigen Bürger, der sich freiwillig dem idealen Gemeinschaftswillen unterwerfe, ohne seine persönliche Freiheit aufzugeben, wirkt bis in unsere Gegenwart hinein. Seine eindeutige Positionierung führte dazu, dass er zu den meistkritisiertesten Schriftstellern des 18. Jahrhunderts gehörte. Sogar andere Aufklärer wie Voltaire äußerten sich deutlich zu Rousseau: „Man bekommt ordentlich Lust, auf allen Vieren zu gehen, wenn man Ihr Werk liest. Da es indessen mehr als sechzig Jahre her ist, dass ich diese Gewohnheit abgelegt habe, so fühle ich zu meinem Schmerz, dass es mir unmöglich ist, sie wieder aufzunehmen."

Auch Rousseaus Menschlichkeit wird deutlich, da er im Verlauf von Diskussionen oft Zugeständnisse und Einschränkungen macht, diese jedoch teilweise später wieder zurücknimmt. Der Autor Paul Hensel bringt hier deutlich zum Ausdruck, von welch hoher Bedeutung Rousseaus Werke und Existenz für die Wissenschaft, die neue Philosophie und die neue Dichtung des deutschen Idealismus sind.

Geboren wurde Paul Hensel als Sohn des Gutbesitzers und Unternehmers Sebastian Hensel 1860 in Groß-Barthen bei Königsberg i.Pr (Ostpreußen). Die Schwerpunkte seiner Arbeit waren Ethik, Religionsphilosophie und geschichtliche Studien.

Mit 10 Jahren kam Hensel nach Berlin. Durch asthmatische Anfälle musste er viel Zeit im Bett verbringen und entdeckte das Lesen für sich. Das führte dazu, dass er schon in diesen jungen Jahren eine umfassende Kenntnis über deutsche, englische und französische Literatur sowie historische und philosophische Werke besaß. Zeit seines Lebens begleitete ihn diese Liebe zu Büchern und zur Literatur. Er begann eine Ausbildung in einer Buchhandlung, welche er jedoch abbrach, um sein Abitur nachzuholen. 1881 begann er mit seinem Studium in den Bereichen Geschichte und Philosophie in Berlin. Im Jahre 1886 absolvierte er seine Doktorprüfung und entschied sich danach, ein Bibliotheksvolontariat zu machen.

In dieser Biografie zu Rousseau verbindet er dessen Lebensstationen mit seinen Werken und schafft so ein Porträt des Menschen über seine Philosophien. Laut Hensel war Rousseaus Verdienst, eine echt philosophische Tat vollbracht zu haben, indem er das bisher Selbstverständliche zum Problem machte, diese naiven Beurteilungen vor die Existenzfrage stellte und sie nur dann als berechtigt anerkennen wollte, wenn sie ihren Zusammenhang mit den letzten allgemeinsten Wertgesichtspunkten für die Beurteilung des Rechtes überhaupt nachzuweisen in der Lage waren. Durch die ständige Weiterentwicklung der Gesellschaft und des Geschehens werden auch zukünftig diese Philosophien von Nutzen sein. Auch wenn besonders die Geschichtsphilosophie aufgrund der empirischen Forschung bis heute stark kritisiert wird, lässt sich nicht abstreiten, dass Hensel mit diesem Werk mehrere zeitlose Thematiken Rousseaus aufgegriffen hat. Es ist ein Werk entstanden, wie Hensel es vorhatte: Im Gegensatz zu anderen Gesamtdarstellungen über Rousseau, war hier das Ziel der einzelnen Philosophien (und Werke) miteinander zu verknüpfen und zu verdeutlichen, wie sie aufeinander aufbauen und miteinander interagieren.

Vanessa Abdulai

SEVERUS Verlag

Vorwort zur ersten Auflage

Es war meine Absicht, in diesem Buch nur eine Darstellung von Rousseaus Gedanken zu geben, und auch hierbei nur diejenigen zu berücksichtigen, die für die mit Rousseau einsetzende Bewegung wertvoll gewesen sind. Eine allseitige Darstellung von Rousseaus Denkarbeit bietet das mustergültige Werk von Broterhoff: J. J. Rousseau, sein Leben und seine Werke. 3 Bde. Leipzig 1863–1874, das, in einzelnen Teilen veraltet, doch noch immer die beste Gesamtdarstellung Rousseaus ist. Von anderen Darstellungen seien genannt: Möbius in „Ausgewählte Werke" I, Leipzig 1903; Höffding, „Rousseau und seine Philosophie" Stuttgart 1897. Morleys Rousseau ist in den wichtigsten Gesichtspunkten veraltet, aus Jules Lemaîtres vielbesprochenem Buche über Rousseau vermochte ich nichts zu lernen. Von Spezialarbeiten über Rousseau, denen ich zu Dank verpflichtet bin, seien genannt: Fester, Rousseau und die deutsche Geschichtsphilosophie, Stuttgart 1890; Haymann, J. J. Rousseaus Sozialphilosophie, Leipzig 1898; Liepmann: Rechtsphilosophie des J. J. Rousseau, Berlin 1898; Gierke: Althusius; Stammler: Die Lehre vom richtigen Recht, Berlin 1902; Erich Schmidt: Richardson, Rousseau und Goethe, ferner die ganz vorzüglichen Arbeiten von Jansen: J. J. Rousseau als Botaniker und J. J. Rousseau als Musiker, Berlin 1885, sowie Texte, J. J. *Rousseau et les origines du cosmopolitisme littéraire*, Paris 1895 und die schönen Aufsätze von Ste. Beuve in den *Causeries de Lundi*.

Von einer ausführlichen Darstellung der Lebensschicksale Rousseaus glaubte ich mich bei der Aufgabe, die ich mir gestellt, für dispensiert halten zu können. Rousseau wie Goethe haben eine Biographie über sich unmöglich gemacht, indem sie sie selbst schrieben. So wie sie die Ereignisse ihres Lebens dargestellt haben, so werden sie in der Erinnerung der Nachwelt weiterleben, gleichgültig, ob der Bericht in Einzelheiten auf Wahrheit beruht oder nicht. Sesenheim wird niemals „Sessenheim" werden, Wintzenried nie ein Ehrenmann. Für diejenigen Leser, die orientiert sein wollen, habe ich eine synchronisierte Tabelle über Leben und Schriften Rousseaus beigefügt; die eingeklammerten Zahlen beziehen sich auf die Seiten dieses Buches.

E r l a n g e n , 24. Juni 1907

Dr. **Paul Hensel**

Vorwort zur zweiten Auflage

Ich freue mich des Zufalls, dass diese zweite Auflage im Jahre der zweihundertsten Wiederkehr von Rousseaus Geburtstag erscheint. Gibt doch die rege Teilnahme, die Deutschland an diesem Gedenktag nimmt, die beste Gewähr dafür, dass wir uns der Bedeutung Rousseaus für unser Geistesleben dauernd bewusst geblieben sind. Ich würde mich freuen, wenn diese Schrift auch ihren Teil dazu beitragen könnte, dies Bewusstsein rege zu erhalten. Bis auf einige kleine Nachbesserungen habe ich keine Veranlassung gehabt, Veränderungen vorzunehmen.

Erlangen, 10. Juni 1912
Dr. **Paul Hensel**

Erstes Kapitel

DER MENSCH

Kenntlich genug heben sich zwei Typen unter den großen Geistern in Wissenschaft und Literatur voneinander ab: die großen Beginner und die großen Vollender. Es sind die Letzteren, die man im eigentlichen Sinne des Wortes als klassisch bezeichnen kann. Ihnen ist es gegeben, jede Regung, welche ich in der vor ihnen liegenden Epoche zur Geltung gebracht hatte, mit vollendeter Klarheit zusammenzufassen und auszusprechen, ihr Stil verrät die Sicherheit und Schärfe des zu sich selbst gekommenen Bewusstseins, sie bringen das auf die einfachste, sinnreichste Formel, sprechen das mit vollendetem Schwung aus, was die Herzen der Besten der Mitlebenden erfüllt. Was sie geben, kann nicht mehr überboten werden, sie sind der Zeitgeist in Menschengestalt, und deshalb werden ihre Werke auch dauern, wenn die Menschheit schon längst zu anderen Zielen vordringt; denn in diesen Werken spricht sich eine lange Entwicklung bedeutsam aus. Sie stehen jenseits von wahr und falsch, sie sind klassische Kunstwerke. So hat Voltaire geschrieben; mit Recht galt er den Besten seiner Zeit als das unerreichte Muster des philosophischen Denkens, der poetischen Darstellung, der treffenden Satire. Er sagte das, was jeder seiner Leser zu sagen sich sehnte, aber er sagte es so, wie es niemals vermocht hätten. In ihm kulminiert die ganze Geistesrichtung, die wir als die Zeit der Aufklärung bezeichnen; sie kulminiert in ihm, aber sie erschöpft sich auch in ihm. Da erblicken wir neben Voltaire einen Mann ganz anderen Schlages, dem es nicht darauf ankommt, die Bestrebungen seiner Zeit in klarsten und reinlichsten Umrissen festzuhalten, einen Mann, der eine andere Welt, eine neue Zeit, die nur er ahnt, im Busen trägt und der sich nun bemüht, diese Fülle der Gesichte der Mitwelt zu künden, dessen Sprache, bald pathetisch, bald ermahnend und scheltend, mitunter einen fast grotesken Eindruck macht, der den Mitlebenden nicht als ein Heros erscheint, sondern als eine Mischung von Narrheit, Fanatismus und Paradoxie: dieser Mann ist Rousseau. Können wir Voltaire mit der Sonne im Zenit vergleichen, der mit siegender Klarheit überallhin ihre Strahlen versendet, vor deren Glanz sich die lichtscheuen Tiere in ihre Höhlen verkriechen, so erscheint uns Rousseau wie ein Gestirn im Aufgang, dunkleren Scheines, dessen Strahlen mit Nebeln und Schwaden zu ringen haben, das sich zur Klarheit noch nicht durchgekämpft, nicht durchgerungen hat. Wie Macaulay Carlyle, wie Lessing Kant, so tritt Voltaire Rousseau gegenüber; neben der Zeit, die sich ganz selber begriffen hat und nun froh des Erreichten zur Rüste gehen will, tritt die junge, die kommende Zeit, unklar über sich und über ihr Schicksal, aber von dem Dunkeln Drange beseelt, ihren Weg zu wagen auf alle Gefahr. Nach Voltaire konnte kein Größerer mehr kommen, sein Name gilt noch heute als Feldgeschrei hüben und drüben, er ist der abschließende Geist. Rousseau weist dauernd hinaus in die unbekannte Zukunft, hin auf die großen Männer, denen er die Wege ebnen sollte. Daher sind auch seine Schriften so voll von Unklarheiten, von Widersprüchen, von Halbheiten auf der einen, von Übertreibungen auf der anderen Seite. Das ruhige Gleichmaß, welches die Seele in Voltaires Schriften findet, vermögen Rousseaus Gedanken nicht zu geben. Aber wir erleben bei ihm das erste Aufdämmern des Tages, in dem unsere Arbeit wie unser Leben verläuft. Verfolgen wir das Beste, was wir in unserem Leben finden, in die Vergangenheit, so stoßen wir auf den Namen Rousseaus.

Um das Werk Rousseaus zu verstehen, ist es nicht notwendig, jeden einzelnen Vorgang seines reihbewegten Lebens zu kennen, wohl aber ist es gerade bei ihm unerlässlich, zu wissen, wie er Leben und Menschen ansah. Seine Werke sind nichts anderes, als die Folgerungen aus seiner Stellung zu den Lebenswerten, und daher muss man diese Stellungnahme kennen lernen, will man die Werke nicht nur äußerlich beurteilen, sondern verstehen. Die wichtigste Hilfe hierfür hat uns Rousseau selber in seinen *Confessions* gegeben. Dies merkwürdige Buch, das erst nach dem Tode des Verfassers im Druck erschien, ist, nachdem der erste Enthusiasmus, den es erregte, verrauscht war, in seinem biographischen Wert vielfach angezweifelt worden, aber mit Unrecht. Immer wieder erneute Nachprüfungen haben ergeben, dass Rousseau hier nicht nur die objektive Wahrheit über sein Leben geben w o l l t e , wie die ersten Worte seines Buches es aussprechen, sondern, dass er sehr wohl auch subjektiv in der Lage war, es zu k ö n n e n . Namentlich ist jedes Erlebnis, das mit einem Gefühl in seiner Seele verbunden war, mit erstaunlicher Sicherheit im Gedächtnis festgehalten und tritt mit der ganzen Frische des unmittelbaren Geschehens vor den Leser hin.

Es ist kein Zufall, dass die Kindheitserinnerungen einen breiten Raum in den *Confessions* einnehmen. Das Leben des Kindes ist viel mehr Gefühl als das des Erwachsenen, und Rousseau konnte daher seine Kinderzeit sich ungleich lebhafter vergegenwärtigen, als es der Durchschnittsmensch vermag, der die Gefühle ebenso schnell vergisst, wie er sie intensiv durchlebt.

Vor allem tritt uns hier die Liebe zur Heimat entgegen; wir müssen uns hüten, dies Gefühl erst als nachträglich entstanden und dann in die Erlebnisse der Kindheit zurückprojiziert zu verstehen. Es war in dem damaligen Genf, das eingeklemmt zwischen Frankreich und Savoyen, einen beständigen Kampf um seine Freiheit und seinen Glauben führen musste, ein starker Patriotismus vorhanden, vergleichbar dem Verhältnis des antiken Vollbürgers zu seinem Stadtstaat. Aus dem Plutarch, der dem beständig lebenden Knaben schon früh in die Hände fiel und in der vorzüglichen amyotschen Übersetzung bis in seine letzten Tage sein Lieblingsbuch blieb, lernte er, dies Gefühl zu idealisieren. Es war sein Stolz und seine Freude, als er späterhin mit seiner Heimatstadt sich wieder ausgesöhnt hatte, das *„citoyen de Genève"* auf das Titelblatt seines Hauptwerks setzen zu können. Kein Ereignis hat so tiefen Eindruck auf den reizbaren Mann gemacht, als die Verfolgung, die von der Regierung seines geliebten Genfs gegen ihn eingeleitet wurde.

Umso erstaunlicher muss es scheinen, dass er diesen Heimatsboden, der ihm so viel bedeutete, verließ, das kalvinistische Bekenntnis, in dem er erzogen war, ohne jeden ernsten Kampf abschwor, und zwar, wie die *Confessions* zeigen, durch keine erheblichen Gründe dazu veranlasst. Furcht vor Strafe, weil er beim Umherschweifen in Wald und Feld die Stunde des Schließens der Stadttore versäumt hatte, veranlasste ihn, den heimischen Boden zu meiden. Der Übertritt zum Katholizismus war dann die fast notwendige Folge dieses ersten Schrittes. Die Erklärung für ein so planloses Handeln liegt eben darin, dass die Planlosigkeit im Charakter Rousseaus tief angelegt war. Immer wieder lässt er sich aus scheinbar gesicherten Wegen durch irgendein zufälliges Geschehen hinausdrängen. Alle seine Versuche, die er, der Stimme der Klugheit folgend, in seinem Leben gemacht hat, um zu einer bürgerlich gesicherten Existenz zu gelangen, sind gescheitert und mussten bei seinem Charakter scheitern. Eine Tätigkeit, die den ganzen Menschen täglich in Anspruch nahm, war für ihn unmöglich, weil eine solche Tätigkeit vielleicht den Verstand, nie aber die Phantasie befriedigen kann. Rousseau blieb auch darin ein Kind, dass ihm die Welt, in der er lebte, überwiegend eine Welt der Träume geblieben ist. Es ist merkwürdig, wie lange in ihm der kindliche Glaube fortlebte, dass das Leben morgen beginnen werde, und es ist durchaus verständlich, dass tiefe Schatten der Verstimmung und des Missmuts, die sich zuletzt zum Wahnsinn verdichten, in sein Leben fallen, als er allmählich das Trügerische dieses frohen Kinderglaubens einsieht, als es ihm deutlich wird, dass dies Leben, so wie es ist, weitergelebt werden muss bis zum Tode.

Zu dem verhängnisvollen Entschluss, seine Vaterstadt zu meiden, wurde Rousseau vielleicht auch dadurch getrieben, dass er wie David Copperfield aus früheren besseren Verhältnissen sich herabgedrückt hat in eine niedrigere Sphäre des Lebens zu untergeordneten Genossen; in eine Lebensstellung, die auch für die Zukunft nichts bieten konnte als eine kleinbürgerliche Existenz, die im grellsten Kontraste zu den Bildern stand, die seine durch Romane genährte Phantasie dem werdenden Jüngling vorspiegelte. Aber wir können noch einen tieferen Punkt finden, der uns die Abneigung Rousseaus vor geregelter Tätigkeit verständlich macht, und dieser besteht in einer eigentümlichen Trägheit, die Rousseau angeboren war, und die ihn sein ganzes Leben hindurch nicht verlassen hat. Diese Behauptung mag paradox erscheinen bei einem Manne, der eine lange Reihe von Bänden geschrieben, der über ein umfangreiches Wissen gebot, der Zeit seines Lebens hart arbeiten musste, und der es verschmähte, sich für seinen Unterhalt auf die Börse seiner Freunde oder königliche Pensionen zu verlassen. Wer aber die *Confessions* und namentlich Rousseaus Briefe aufmerksam durchliest, wird leicht ersehen, dass trotz dieser gewaltigen Arbeitsleistung Trägheit den Grundzug seines Charakters bildete.

Soviel ich sehen kann, hat Rousseau nur an einem Werk, der *Nouvelle Heloïse*, mit Luft und Liebe gearbeitet; bei allen seinen anderen Werken lastete die Arbeit auf ihm wie ein Alb, den er abzuschütteln trachtete. Er war glücklich, wenn er im Augenblick leben, im Augenblick aufgehen konnte. Die Tätigkeit, durch die er seinen Lebenunterhalt erwarb, das Abschreiben von Noten, hatte er deshalb gewählt, weil sie seinem Geist die Freiheit ließ, weil er bei dieser Beschäftigung weiterträumen konnte, weil sie keine größeren Anforderungen an ihn stellte, als der Tag sie verlangte, und weil sie mit dem Tag erledigt werden konnte. Es wäre ihm unmöglich gewesen, sich in den Dienst einer großen Aufgabe zu stellen, die sein ganzes Leben in Anspruch genommen hätte. In noch markanterem Sinne als in dem Goetheschen sind seine Arbeiten Gelegenheitsarbeiten. Das nimmt ihnen nichts von ihrem Wert, aber es zeigt uns, wie ich glaube, das tiefste Motiv für Rousseaus Kulturfeindschaft. Es gibt Naturvölker, die bei Berührung mit der europäischen Kultur alle Lebensfreude, allen Willen zum Leben verlieren, die verwelken und aussterben, weil dieses atemlose Haften und Treiben sie übermannt und vernichtet. Bei vielen Kulturmenschen ist eine ähnliche Unterströmung im Bewusstsein vorhanden, die in Zeiten der Abspannung bedrohlich an die Oberfläche tritt. Bei Rousseau war sie dauernd Grundstimmung, seines Lebens. Er erkannte die Forderungen der Gesellschaft nicht als berechtigt an, das ganze System, auf dem sie basierten, das System sozialer Kultur wurde ihm verhasst, weil ein Leben, wie er es wünschte und ersehnte, mit zunehmender Kultur immer unmöglicher wird. Was dem Kulturmenschen unerträglich ist, das tatenlose und wunschlose Hindämmern des Naturmenschen, ohne Aufgaben, die das Leben halten und ihm die Richtung geben, gerade dies war das Ziel der Sehnsucht Rousseaus.

Allerdings tritt zu diesem negativen Begriff der Natur als Nichtkultur auch ein positiver, auch er tief eingebettet in die Grundstimmung von Rousseaus Seele. Wenn es ihn freute, im zwecklosen Dahinschlendern den Menschen und ihren Anforderungen zu entgehen, so sprach doch noch gewaltiger zu ihm die Schönheit der Landschaften, die er durchwanderte, das unmittelbare Gefühl, Gott näher zu sein, wenn er sich von seinen Werken und nicht denen der Menschen umgeben sah. So konnte Rousseau Schönheiten da erkennen, wo seine kultivierten Zeitgenossen nur die Reize der Stadt und des Ziergartens vermissten, so wurde er allmählich zu einem Bewunderer und Liebhaber der Pflanzenwelt in ihrer anspruchslosen und zwecklosen Schönheit, so vermochte er von allen Schmerzen und Enttäuschungen, die ihn das Leben brachte und bringen musste, seine Seele immer wieder rein zu baden im wunschlosen Genuss der Wunder, die Gott den Menschen, die reinen Herzes sind, offenbart.

Die Liebe zur Musik, die Rousseau von den frühesten Zeiten seiner Kindheit an bis zu seinem Tode durchs Leben begleitet und das Leben verschönt hat, hängt mit seinem auf das Beschauliche gerichteten Naturell auf das innigste zusammen. Die Musik, die von allen Künsten die unmittelbarste Beziehung zum Gefühl hat, musste für Rousseau der adäquate Ausdruck seines Verhältnisses zu den Dingen werden, und so finden wir ihn Jahre seines Lebens auf das eifrigste mit der Theorie und Praxis dieser seiner Lieblingskunst beschäftigt. In einem eigentümlichen Kontrast zu seinen Bestrebungen für die Einführung einer neuen auf Zahlenverhältnisse gegründeten Notenschrift steht seine Opposition zu dem Rationalismus der damals herrschenden französischen Musik, und doch ist dieser Kontrast ein nur scheinbarer. Was ihn bei Rameau und Lully abstieß, war ihr Bestreben, die Kunst zu verkünsteln, Pathos an Stelle des Affekts, Rhetorik an Stelle der Leidenschaft zu setzen. Damit war sehr wohl vereinbar, dass Rousseau in der Darstellung der Notenschrift den einfachsten, übersichtlichsten Zahlenverhältnissen vor unseren komplizierten Zeichensystemen den Vorzug gab. Der Inhalt sollte so natürlich, die Form so einfach wie möglich sein. Was Rousseau unter diesem natürlichen Inhalt verstand, das klingt bis zum heutigen Tage aus den zu Herzen gehenden Liedern des *„Devin du village"* heraus.

Rousseaus Verhältnis zu den Wissenschaften lässt nicht auf eine so einfache Formel bringen. Ein systematisches Studium war mit seiner ganzen Naturanlage unvereinbar. So oft er auch den Versuch machte, sich die für einen Gelehrten der damaligen Zeit fast unumgänglich notwendige Beherrschung der lateinischen Grammatik anzueignen, so oft scheiterte er in diesem heißen Bemühen. In keiner einzigen Wissenschaft, selbst in denen nicht, die er am mächtigsten gefördert hat, kam er zu einer wirklich fachmännischen Beherrschung des Details. Was ihn nicht von der Gefühlsseite her zu erregen vermochte, das konnte er nie dauernd seinem geistigen Besitzstand einverleiben. Dafür aber ermöglichte es ihm sein scharfer Verstand, wenn er in den Dient des Gefühlsinteresses gestellt wurde, in überraschend kurzer Zeit aus einem weitschichtigen Material die wesentlichen Gesichtspunkte herauszuholen, neue Fragestellungen zu formulieren, mit blendender Logik die Argumente der Gegner zu widerlegen und den eigenen Folgerungen siegreiche Kraft zu verleihen. Niemals ist bei Rousseau sein Wissen totes Besitztum geworden, immer war es Bestandteil seines Lebens, weil es nur im Zusammenhang mit dem Lebensgefühl erworben und behauptet werden konnte.

Bringen wir einen so beanlagten Menschen in Beziehungen zu seinen Mitmenschen, so werden wir uns ernster Besorgnisse nicht erwehren können, und spielen sich vollends diese Beziehungen in der Kulturwelt des 18. Jahrhunderts ab, so sind schwere Zerwürfnisse unvermeidlich. Wohl hatte Rousseau Recht, wenn er sich als zur Freundschaft geboren bezeichnete. Das Bedürfnis, mit Freunden zu leben, hat ihn ebenso wie die Liebe zur Musik durch sein ganzes Leben begleitet. Mit schwärmerischer Glut schloss er sich mitunter an ganz unbedeutende Menschen an; erst die Gegenwart des Freundes machte ihm das Leben lebenswert und gab den Freuden der Natur wie der Musik ihre letzte abschließende Weihe. Was Rousseau in der Freundschaft suchte, war der vollendete Einklang gleichgestimmter Seelen, die Ergänzung und Erhöhung beider Freunde durch ihren unauflöslichen Bund. Auch der leiseste Missklang konnte und musste dies Verhältnis stören, Rousseau spielte in der Freundschaft sozusagen *va banque*, er wollte alles besitzen oder nichts; hier war jeder Kompromiss unerträglich. Ob diese Anforderungen jemals von der Wirklichkeit erfüllt werden können, lässt sich bezweifeln. In dem Frankreich des 18. Jahrhunderts wurde jedenfalls die Freundschaft ganz anders verstanden als die in Rousseau lebte, und so waren die schwersten Konflikte gerade mit denen, die er eine Zeitlang seine Freunde genannt hatte, nahezu unausbleiblich. Namentlich wird dies in seinem vielbesprochenen Verhältnis zu Grimm und Diderot, den Führern der Enzyklopädisten, deutlich. Wie fassten diese Männer die Freundschaft auf? Vor allem als eine enge Bundesgenossenschaft gegen die gemeinsamen Feinde in Staat, Kirche und Literatur. Gemeinsame Feldzüge und literarische Unternehmungen zu verabreden, bei fröhlichem Zusammensein die Raketen des Witzes steigen zu lassen, den eigenen Geist im Gedankenaustausch mit dem Freunde zu stärken, den legten Taler und die legte Flasche mit dem Freunde zu teilen, das war es, was ungefähr ihren Inbegriff der Freundschaft bildete; das war sicher nicht wenig, aber für Rousseaus glühende Seele lange nicht genug. So war er dauernd in der Lage, sich durch seine Freunde verletzt zu fühlen, ohne dass sie eine Ahnung davon hatten, ihn verletzt zu haben, und sie in Situationen zu bringen, die für ihn ganz selbstverständlich, für die Freunde aber äußerst peinlich waren. Ein Beispiel möge dies veranschaulichen: Als Rousseau seinen in Vincennes gefangen gehaltenen Freund Diderot besuchte, traf er ihn in Gesellschaft des Gouverneurs des Schlosses; ohne die Anwesenheit des Fremden zu beachten, stürzte er sich weinend in die Arme des Freundes. Dieser aber entzog sich dem allzu lebhaften Ausbruch der Rührung Rousseaus und sagte halb entschuldigend zu dem Gouverneur: „Sie sehen, mein Herr, wie mich meine Freunde lieben." Es war Diderot peinlich, in Gegenwart des Fremden Gegenstand einer so stürmischen Zärtlichkeit zu sein; Rousseau dagegen hätte nie daran gedacht, dass ein Freund in solchen Augenblicken an die Gegenwart eines Fremden denken könnte. Auch David Humes maßloses Erstaunen bei dem stürmischen Verhalten, das Rousseau zeigte, ist wohl verständlich; die Freundschaft durfte eben niemals über das Maß hinausgehen, das Konvenienz, und gute Lebensart für das Verhältnis der Menschen zueinander unabänderlich festgesetzt hatten. Beide Teile waren vollkommen im Recht: die einen verstanden die Freundschaft, wie ihre Umgebung sie verstand, Rousseau trug ein anderes Ideal der Freundschaft in seiner Brust, das erst durch ihn die frühere Auffassung in den Herzen der Menschen verdrängen sollte.

Damit hängt zusammen, dass Rousseau nicht geneigt war, dem Begriff der Freundschaft die landesübliche weite Ausdehnung zu geben. Gegenüber dem ganzen Kreise der Finanzaristokratie, in die ihn die erste Zeit seines Pariser Aufenthaltes eingeführt hatte, konnte er ein sehr merkbares Misstrauen nie überwinden, und namentlich war er diesen Männern und Frauen gegenüber, die gewohnt waren, für Geld alles kaufen zu können, eifersüchtig und öfters sogar taktlos darauf bedacht, seine ökonomische Selbständigkeit zu wahren. Ein wirklich inneres Verhältnis zu ihnen konnte er schwer gewinnen. Sehr merklich sticht dagegen der Ton aufrichtiger Hochachtung ab, den er in seinen Beziehungen zu den Vertretern der Geburtsaristokratie, mit denen er später in Berührung kam, unabänderlich festzuhalten wusste. Die Briefe an den Marschall von Luxemburg, Herrn von Malesherbes, Prinz Conti, Lord Maréchal Keith sind vollgültige Zeugen dafür, dass Rousseaus demokratische Gesinnungen ihn nicht verhinderten, sich dem Zauber, der von rechten Aristokraten auszugehen pflegt, gern und willig zu überlassen.

Eine gesonderte Betrachtung fordert Rousseaus Verhältnis zu den Frauen, die ja in seinem Leben eine große und oft verhängnisvolle Rolle gespielt haben. Häufig ist Rousseaus Sinnlichkeit als durchaus auf Genuss beruhend dargestellt worden. Aber diese Ansicht hält vor einer genauen Analyse nicht stand. Seiner ganzen Anlage nach lebte er auch hier viel mehr in einer Welt der Gefühle als der Dinge. Worauf es ihm ankam, das war die Idealisierung der Wirklichkeit durch das Medium der Liebe, und so konnte es denn nicht anders sein, als dass das Sehnen nach der Vereinigung mit der Geliebten und nicht diese Vereinigung selber für Rousseau den Gipfel des Glückes bedeutete. Dies tritt ganz deutlich in dem Verhältnis zu seiner „Mama", Madame de Warens, hervor. So ist es denn auch leicht erklärlich, dass seine erotische Phantasie mitunter nicht von einer liebenswerten Frau angeregt wurde, sondern dass sie, gewissermaßen von selber angeregt, sich nun ihren Gegenstand suchte. Es ist nicht richtig, dass Madame d'Houdetot Rousseau zur Schöpfung seiner Julie (in der Nouvelle Heloïse) angeregt hat oder, dass diese der Ausdruck seiner Liebe zu Madame d'Houdetot war, sondern es kann gar keinem Zweifel unterliegen, dass Rousseau Julie liebte, und Madame d'Houdetot zu dieser Liebe hinaufidealisierte. Auch die Erscheinung der Doppelliebe, die wir in Rousseaus Leben mehrere Male finden, und der er in der wundervollen Schilderung des glücklichen Tages mit den Fräuleins Galley und Graffenried ein unvergängliches Denkmal gesetzt hat, lässt sich jetzt ohne Mühe verstehen. Es konnte eben diese allgemein erotische Stimmung zu gleicher Zeit mehrere Frauen in ihren Lichtkreis ziehen und idealisieren. So ist er denn auch zur gleichen Zeit und fast mit der gleichen Stärke sowohl in die Julie als in die Claire seines Romans verliebt, und weil sein Gefühl wahr und echt war, so hielt es Rousseau niemals für nötig, sich hier vor ein Schroffes Entweder–Oder zu stellen. Dass auch hier wie in seinen Freundschaften Enttäuschungen unausbleiblich waren, ist deutlich. In solchen Fällen ließ Rousseau, wenn auch oft erst nach schweren Kämpfen, den Menschen fallen, um das Ideal zu retten, und zeigte damit, wie mir scheint, genugsam an, dass nicht die Frau, sondern das erotische Gefühl das Wesentliche an dieser Beziehung bildete.

Streng von diesen Beziehungen zu sondern ist eine Reihe anderer, die ganz sinnlicher Natur waren und über die uns Rousseau ebenfalls mit äußerster Aufrichtigkeit unterrichtet hat. Es war verhängnisvoll für ihn, dass die dauernden Beziehungen, in welche er zu Thérèse Levasseur trat, dieser Kategorie angehörten. Sinnliches Bedürfnis und Mitleid zuerst, Gewöhnung und Dankbarkeit später fesselten ihn an dieses durchaus untergeordnete Mädchen. Alle Unbequemlichkeiten und Lasten, die ein Ehestand mit sich bringen kann, hat Rousseau im täglichen Verkehr mit Thérèse und ihrer zänkischen und gemeinen Mutter reichlich ausgekostet, das Glück einer wahren Ehe nie gefühlt – freilich durch eigene Schuld. Die Überweisung seiner Kinder in das Findelhaus lässt sich nicht, und am wenigsten durch die üblen Sophismen, die Rousseau anwendet, entschuldigen; sein böses Gewissen blickt hier aus jedem Worte kenntlich genug heraus. Die Natur seiner Beziehungen zu Thérèse Levasseur geht vielleicht am klarsten daraus hervor, dass sie auch während seiner Liebe zur Gräfin d'Houdetot ruhig ihren Weg gingen, und Rousseau selbst während dieser Zeit gar nicht daran gedacht zu haben scheint, sie abzubrechen oder auf einen anderen Fuß zu stellen.

Blicken wir nun noch auf die allgemeinen gesellschaftlichen Beziehungen Rousseaus, die nicht unter den Gesichtspunkt der Freundschaft oder der Liebe fallen, so finden wir hier, dass sich in seinem Leben eine sehr bedeutsame Wandlung vollzogen hat. Dass ein Mensch wie er, mit übervollem Herzen, nur allzu verwundbarem Selbstgefühl und einer großen Unfähigkeit, die Goldbarren seines Geistes leicht in die gesellschaftliche Scheidemünze witziger Konversation umzusetzen, in der damaligen Gesellschaft eine halb traurige, halb lächerliche Rolle spielen musste, ist ohne weiteres deutlich. Namentlich war es seine mangelnde geistige Schlagfertigkeit, wenn er von der Stärke seiner Gefühle übermannt wurde, die ihn häufig in bedenkliche Situationen verwickelte, ja, ihn sogar als Verleumder oder Undankbaren erscheinen ließ. Wenn er einen Mann, dem er Dank schuldig war, und den ein epileptischer Anfall auf das Straßenpflaster von Lyon niedergeworfen hatte, ohne weiteres liegen ließ und davoneilte, so war es natürlich, dass ihm der Vorwurf roher Gefühllosigkeit nicht erspart bleiben konnte; tatsächlich war die Ursache dieser unentschuldbaren Handlung kein Mangel, sondern ein Übermaß von Gefühl. Rousseau war von Entsetzen wie gelähmt und verlor die Möglichkeit, die ein weniger Teilnehmender vielleicht gehabt hätte, sich deutlich zu machen, was für den Unglücklichen zu geschehen habe. Das soll seinen Fehler nicht entschuldigen, Rousseau selber hat die Reue über diese und andere gleichartige Vorgänge in seinem Leben bis zum Tode immer rege erhalten, aber wir sollen uns vor einer falschen psychologischen Interpretation hüten, die uns den ganzen Charakter Rousseaus missverstehen lassen würde.

Auch noch in seiner ersten Pariser Zeit finden wir ihn durch diese seine geistige Unbehilflichkeit innerlich gedemütigt. Sie erzeugt trotz allen berechtigten Selbstgefühls in ihm die Vorstellung, den Schöngeistern und witzigen Köpfen der feinen Pariser Welt nicht gewachsen zu sein. Erst allmählich erstarkt in ihm die Überzeugung, „dass es nicht Aufgabe des Menschen sei, in jedem Moment etwas Witziges zu sagen". Er beginnt, sich den auf Esprit gegründeten Umgangsformen der Gesellschaft gegenüber in berechtigter Eigenart entgegenzusetzen. Den Stichen des Witzes antwortete er durch die Keulenschläge des sittlichen Pathos. Er setzte seine erstarkte Persönlichkeit gegen den konventionellen Spott der guten Gesellschaft, und er wusste ihr zu imponieren. Der berühmte Mann durfte sich erlauben, was den unbekannten Genfer auf ewig lächerlich gemacht haben würde. Schon durch seine äußere Tracht zeigte er dieser Welt der feinen Spitzenjabots, dass er eine Ausnahmestellung in ihr beanspruche. Während sich aber so die Beziehungen zu den feinen Kreisen, in denen er früher verkehrt hatte, lockerten, blieb sein Verhältnis zu den einfachen Landbewohnern, die er liebte und verstand, das alte herzliche. Überall sehen wir ihn auf seinen Irrfahrten diese einfachsten Bande der Nachbarschaft, der gegenseitigen Hilfeleistung, des traulichen, herzlichen Gesprächs pflegen, und wo ihm nicht wie in Neufchâtel durch Aufhetzung es unmöglich gemacht wurde, zu den Herzen seiner Mitmenschen vorzudringen, gelang es ihm immer, sich ihre Liebe zu erwerben und zu erhalten. Diese gemütlichen Beziehungen, die jeder Tag bringt, waren für Rousseau so weit davon entfernt, ihn zu lähmen und zur Hilfeleistung unfähig zu machen, dass sie vielmehr eine stete Quelle der Freude und der Erhebung bildeten. Das Unglück durfte nicht plötzlich, unerwartet, überwältigend an ihn herantreten und sein Gefühl so mächtig erregen, dass seine Willenskraft gelähmt wurde; sonst aber war Rousseau immer bereit, zu helfen und zu lindern, oft fast über sein Vermögen hinaus.

Es konnte nicht fehlen, dass die auffallende Weise Rousseaus, mit der er sich der Gesellschaft gegenüber in eine Art aggressiver Defensive stellte, schon früh das Gerücht aufkommen ließ, dass er verrückt sei, und Rousseau selber sorgte durch allerhand Absonderlichkeiten dafür, dass dieses Gerücht stets neue Nahrung erhielt. Ebenso ist es ganz zweifellos, dass zuletzt wirklicher Verfolgungswahnsinn bei ihm eintrat. Er glaubte an die Existenz einer großen Verschwörung gegen sich, wandte die seltsamsten Mittel an, um deren System auf den Grund zu kommen und beurteilte alle Dinge und Menschen nach ihren Beziehungen zu dieser angeblichen Verschwörung. Es ist für uns nicht ohne Interesse, den Zeitpunkt festzustellen, an dem die in Rousseau liegende Krankheit ausbrach. Es scheint nun, als ob die Verfolgungen, denen er in der Schweiz ausgesetzt war, und der an Enttäuschungen reiche Aufenthalt in England, dessen Sprache er nicht kannte, tief auf sein reizbares Gemüt wirken musste, eine Wirkung, die noch verschärft wurde durch den nichtswürdigen Streich Walpoles, der einen fingierten Brief Friedrichs des Großen an Rousseau veröffentlichte. Die Gelegenheitsursache zum Ausbruche der Krankheit war durch das Zusammentreffen dieser Umstände gegeben. Wenigstens zeigt sein Verhalten hier zum ersten Mal, dass Rousseau nicht mehr Herr seiner geistigen Fähigkeiten war. Es steht dazu nicht im Widerspruch, dass die um diese Zeit verfassten *Confessions* ein durchaus objektiv gehaltenes Bild seines Lebens zeigen, denn in der ersten Zeit einer derartigen geistigen Erkrankung vermag es der Kranke sehr wohl, frühere Ereignisse des eigenen Lebens zu betrachten, ohne seine Wahnideen hineinzumengen. So finden wir denn auch hier bei der Schilderung seines Verhältnisses zu den Enzyklopädisten kein Wort von der großen Verschwörung, als deren Häupter Rousseau späterhin seine früheren Freunde betrachtete, und deren Entlarvung das Thema der letzten Schriften, *Rousseau juge de Jean-Jacques* und der *Rêveries du Promeneur solitaire* bildete. Es ist rührend zu sehen, wie in den letzten Jahren die Erbitterung, die er anfänglich gegen seine Feinde fühlte, einer milden Resignation Play macht. Die letzten Tage, die er auf dem Lande verbringen durfte, führten ihn zur Natur zurück, die ihn nie verraten, und an die er immer geglaubt hatte. So konnte er in Frieden scheiden.

Zweites Kapitel

DIE GESCHICHTSPHILOSOPHIE

Die Schrift, die Rousseau zuerst berühmt machte, war seine Beantwortung der von der Akademie zu Dijon im Jahre 1749 gestellten Preisfrage, ob Künste und Wissenschaften zur Verbesserung der Sitten beigetragen haben. Es ist also eine geschichtsphilosophische Frage, die hier gestellt wird, und um die Antwort Rousseaus zu verstehen, ist es notwendig, die Stellung der führenden Geister des 18. Jahrhunderts zum Wert der Kultur sich zu vergegenwärtigen. Es hat wohl nie eine Zeit gegeben, die so durchaus im intellektuellen und kulturellen Fortschritt der Menschheit das sicherste Mittel für das Glück und die Tugend des Menschengeschlechts erblickt hätte als das 18. Jahrhundert. Alles Elend, alle Sünde wurde aus Irrtum, Aberglauben und Unkultur abgeleitet; mit der Beseitigung dieser Widerstände schienen

Glück und Sittlichkeit der Menschheit zu gleicher Zeit garantiert zu sein. Wohl sehen Männer wie Voltaire ein, dass die Sonne der Aufklärung und des guten Geschmacks vorläufig nur die höchsten Höhen der Menschheit strahlend erleuchte, dass in den dumpfen Tälern Aberglaube und Unwissenheit drückend laste, aber nach der langen geistigen Nacht des Mittelalters war nun endlich das Gestirn des Tages erschienen. Mit jedem Jahr stieg es höher und verbreitete überall Gesundheit, Tugend, Glückseligkeit. Es schien keinem Zweifel zu unterliegen, dass mit dem Siegeslauf der intellektuellen Aufklärung, mit der zunehmenden Verfeinerung der Künste und schönen Wissenschaften ein neues goldnes Zeitalter der Menschheit tagen müsse. Das kaum jemals klar formulierte, sondern als ganz selbstverständlich vorausgesetzte Prinzip dieser Geschichtsauffassung besteht darin, den Wert der intellektuellen und ästhetischen Kultur in ihren Leistungen für Glück und Sittlichkeit der Menschen zu suchen.

Man pflegt nun die Leistung Rousseaus darin zu erblicken, dass er das Gegenteil dieser Überzeugung des 18. Jahrhunderts darstelle, und man hat in gewissem Sinne damit Recht. Aber dieses Gegenteil liegt durchaus auf derselben Fläche, auf der die herrschenden Wortführer der Aufklärung ihren Standpunkt gefunden hatten. Ebenso wie für sie, war es auch für Rousseau selbstverständliche Voraussetzung, dass die Kultur nur nach ihrer Leistung für Sittlichkeit und Glück der Menschen gewertet werden dürfe, und dass Sittlichkeit und Glück als miteinander identisch zu sehen seien. Der Unterschied zwischen Rousseau und seinen Gegnern bestand nur darin, dass das Fazit der Rechnung entgegengesetzte Vorzeichen trug. Die Aufklärer betrachteten Wissenschaft und Künste als wertvoll, weil sie den moralischen Fortschritt der Menschen bedingen und damit das Glück der Menschheit verwirklichen; Rousseau betrachtete Künste und Wissenschaften als schädlich, weil er sich überzeugt hatte, dass die entgegengesetzten Wirkungen von ihnen ausgingen. Prinzipiell ist also Rousseau über die Fragestellung seiner Zeit nicht hinausgekommen, sein großer Verdienst aber besteht darin, dass er der schon fast zur Trivialität gewordenen Identifizierung von Kultur und Sittlichkeit die Paradoxie ihrer Unvereinbarkeit gegenüberstellte. Erst musste das Dogma der Aufklärung vom Wert der Kulturentwicklung erschüttert werden, bevor zu neuen fruchtbareren Fragestellungen fortgeschritten werden konnte. Somit bleibt das Verdienst Rousseaus um die neue Geschichtsphilosophie, welche im deutschen Idealismus entstehen sollte, ihm ungeschmälert.

Man hat von einer anderen Seite her versucht, ihm dies Verdienst zu nehmen und auf Diderot zu übertragen. Bei der Wichtigkeit der Frage wollen wir die beiden Erzählungen, Rousseaus und Diderots, miteinander vergleichen. Nach der Darstellung in den *Confessions* ging Rousseau an einem heißen Tage den schattenlosen Weg nach Vincennes hinaus, um den dort gefangen gehaltenen Diderot zu besuchen. Erschöpft unter einem Baum der Landstraße ruhend, zog er eine Nummer des Mercure de France heraus, in der er die Nachricht vom Preisausschreiben der Akademie von Dijon fand. Sofort bildeten sich in ihm die Gedankenreihen, die er später in seinem Discours veröffentlichte. In einer unbeschreiblichen Aufregung drängt sich alles, was bisher nur den Hintergrund seiner Seele gebildet hatte, aus den Tiefen seines Gefühls empor, mit einer Kraft, mit einem Reichtum des Ausdrucks, die seine späteren Ausführungen nie wieder erreicht haben. Tränen entstürzten seinen Augen, und als er aus diesem Zustand der Ekstase erwachte, fand er seine ganze Weste wie durchnässt von ihnen. In einem Zustande unbeschreiblicher Erregung traf er bei dem Freunde ein.

Hören wir nun Diderot. Als Rousseau ihm Mitteilung von seiner Absicht machte, sich an der Preisbewerbung zu beteiligen, habe Diderot ihn gefragt, in welchem Sinne er die Frage der Akademie beantworten wolle. „Natürlich werde ich die wohltätigen Folgen von Kunst und Wissenschaft darstellen", habe Rousseau geantwortet. „Das ist der Standpunkt der Dummen; Sie müssen den entgegengesetzten Standpunkt einnehmen", wies Diderot ihn zurecht, und Rousseau folgte seinem Rat. Die Erzählung Diderots anzuzweifeln haben wir keinen Grund. Aus seinen Schriften und Briefen wissen wir, dass er die „heilige Liebe zum Paradoxon" in hohem Maße besaß, und so konnte er, der ganz auf dem Standpunkt der Aufklärung stand, Rousseau wohl den Rat geben, die Biedermänner der Provinzakademie durch geistvolle Ausführung eines Paradoxons in Erstaunen zu setzen. Damit ist aber noch nicht gesagt, dass Rousseaus Erzählung die Lüge ist, als welche sie diejenigen betrachten, welche Diderot für glaubwürdig halten. Erinnern wir uns, was wir von Rousseaus Charakter kennen gelernt haben. Ihm, der in den tiefsten Grundfesten seines Wesens durch die ekstatische Erregung, die er durchlebt hatte, erschüttert war, musste es ganz unmöglich sein, von der Fülle der Gesichte auch dem Freunde gegenüber zu sprechen. Daher die ungeschickte Notlüge über den Plan seiner Preisschrift. Aber ganz unmöglich ist es, dass ihn erst die Worte Diderots auf die M ö g l i c h k e i t einer solchen Beantwortung aufmerksam gemacht hätten. So mannigfach auch im einzelnen Rousseau seine Ansichten im Verlauf der späteren Diskussion verändert und modifiziert hat, die Grundanschauung ist dieselbe geblieben, und sie steht ebenso in engster Verbindung zu seinem ganzen Lebensgefühl wie sie für Diderot eben nur den Wert einer eleganten Paradoxie hatte, die man einmal verteidigt, um den eigenen Scharfsinn zu zeigen und zu üben, ohne ihr indes einen tiefergehenden Einfluss auf die eigene Weltanschauung einzuräumen. Wäre Rousseaus Erzählung unwahr, so wäre seine ganze Wirksamkeit nach dem Jahr 1750 allerdings die große Lüge, als welche sie seinen Gegnern erscheint. Aber ich glaube nicht, dass uns der Befund der Quellen dazu nötigt, diese Annahme zu machen, sondern dass Rousseaus und Diderots Erzählungen sehr wohl nebeneinander bestehen können.

Es kann nicht die Aufgabe dieser kurzen Darstellung sein, den Gedankengang jeder einzelnen der geschichtsphilosophischen Schriften Rousseaus gesondert darzustellen und den allerdings oft sehr interessanten Umbildungen nachzugehen, welche in einigen Punkten seine Ansichten erfahren haben. Es ist des Gemeinsamen in ihnen immerhin so viel, dass eine Gesamtdarstellung, wo es sich nur um die großen Züge seiner Geschichtsphilosophie handelt, sich als möglich erweist. Außerdem zeigt eine genaue Beobachtung, dass Rousseau im Verlauf der Diskussion öfters Zugeständnisse und Einschränkungen macht, die er dann bei reiflicher Überlegung wieder zurücknimmt, so dass diese Abweichungen häufig wie Oszillationen um einen gegebenen festen Punkt erscheinen, nicht aber eigentlich als Neubildungen und Fortführungen seiner Grundansicht angesehen werden können.

Was Rousseaus Geschichtsphilosophie ihren eigentümlichen Charakter gibt, ist der Umstand, dass sie als G e s c h i c h t s e r z ä h l u n g auftritt: Das Menschengeschlecht wird auf seinem Wege vom Naturzustand bis zur ausgebildeten Kultur begleitet, die einzelnen Entwicklungsstufen werden ebenso pragmatisch erzählt, wie nur irgendeine Reihe von Ereignissen, die sich im hellen Licht des modernen Geschehens abspielt. Dieses Ausgehen vom Naturzustand hat Rousseau viel Tadel eingetragen. Immer wieder ist darauf aufmerksam gemacht worden, dass Rousseau gar kein Recht habe, einen solchen Naturzustand anzunehmen, dass er nur in der Phantasie des Dichterphilosophen existiert habe, und dass Rousseaus Bestreben, ihn als tatsächlich vorhanden darzustellen, auf eine Täuschung des Lesers hinauslaufe. Methodologisch ist dieser Tadel unberechtigt. Der Historiker ist dauernd genötigt, zur Ergänzung dessen, was er in seinen Akten findet, Schlüsse auf Vorgänge zu machen, die er hypothetisch aus dem vorliegenden Material erschließt. Schon eine Biographie kann auf gar keinem anderen Wege zustande kommen. Handelt es sich nun um die Erschließung der Anfänge des Menschengeschlechts, so bleibt gar kein Weg übrig, als die uns bekannte Linie der Kulturentwicklung in die Vergangenheit hinein zu verlängern und die Berechtigung dieses Verfahrens an denjenigen Gemeinschaften nachzuprüfen, die noch auf niedrigeren Stufen dieser Entwicklung stehen geblieben sind. Wenn Locke die Entstehung der Begriffe beim erwachsenen kultivierten Menschen schildern will, so zieht er ausgiebig die Psychologie des Kindes und des „Wilden" heran, und das leidenschaftliche Interesse, mit dem das 18. Jahrhundert die Reisebeschreibungen eines Cook, Bougainvilliers und de la Condamine verfolgte, hatte ähnliche psychologische Ursachen. Ebenso aber kann nun dem Historiker das Recht nicht bestritten werden, die Linien der Entwicklung noch über den Punkt hinaus, auf welchem jetzt die niedrigsten Naturvölker stehen, in die Vergangenheit hinein zu verlängern, denn es ist ganz zweifellos, dass auch diese tiefstehenden Naturvölker auf eine Jahrtausende alte Entwicklung zurückblicken können. Den kosmischen Nebel hat auch kein menschliches Auge gesehen, und doch war Kant berechtigt, aus ihm unser Sonnensystem aufzubauen. Was aber dem „Archäologen der Natur" recht ist, sollte dem Archäologen der Menschheit billig sein. Eine ganz andere Frage ist es, ob Rousseaus Zeichnung des Naturzustandes der Menschheit inhaltlich richtig ist, d.h. ob die Linien der bisherigen Kulturentwicklung über den Zustand der jetzigen Naturvölker hinaus verlängert zu dem Punkt wirklich führen, den Rousseau als den Anfangspunkt der menschlichen Entwicklung annehmen zu müssen glaubte. Methodologisch aber war er zu seinem Verfahren durchaus berechtigt.

Der auffallendste Zug in der Schilderung des Naturmenschen bei Rousseau ist nun der, dass er in völliger Isoliertheit erscheint. Während uns keine Beobachtung den jetzt lebenden Menschen anders als mindestens im Verband der Horde erblicken lässt, glaubte Rousseau durch psychologische und ethnographische Erwägungen veranlasst, hinter diese primitiven sozialen Verbände zurückgehen zu müssen, zumal da er die ersten Wohnsitze des Menschengeschlechts in die subtropischen Gegenden verlegte, deren reichliche Vegetation das gemeinsame Aufsuchen von Nahrung und Beute überflüssig machte. Nur die Paarungszeit führte die Menschen zusammen, die Mutter nahm sich der Kinder an, solange sie der Pflege bedürftig waren, aber bei dem Fehlen der Sprache und jeglicher Tradition mussten diese Anfänge zur Familienbildung in jeder Generation wieder aufhören, sobald die Kinder fähig waren, sich selber ihre Nahrung zu suchen. So ist der: Naturmensch ganz auf sich selber angewiesen; das einzige seelische Motiv zur Tätigkeit, das er kennt, sind die eigenen Bedürfnisse, die er leicht befriedigen kann. Es ist falsch, ihn deshalb als Egoisten zu bezeichnen. Der Egoismus ist, wie wir später sehen werden, eine Kulturerscheinung, die auf einer übertriebenen Schätzung des eigenen Wertes im Vergleich zu dem der anderen beruht. Der Naturmensch kann gar kein Egoist sein, weil es ihm gänzlich fern liegt, sich mit anderen zu vergleichen. Er hat Selbstliebe (*amour de soi*), aber keine Eigenliebe (*amour-propre*), und strebt danach ebenso naiv wie jede Pflanze und jedes Tier, dieses sein Sein zu erhalten. Um dies zu tun, braucht er aber die anderen Wesen seiner Art nicht zu schädigen. Wozu ihnen die Frucht wegnehmen, die an jedem Baum einem jeden zur Verfügung steht? Ganz ferne liegt ihm die Sorge für die Zukunft, denn er hat keine Zukunft, ebenso wenig wie er: eine Vergangenheit hat. Sein gesunder, durch keinerlei Ausschweifung geschwächter Körper kennt keine Krankheit: oder überwindet doch, wenn eine solche sich einstellen sollte, sie rasch Verwundungen durch wilde Tiere heilen bald oder führen zu einem schnellen Tode; der normale Tod aber, der in unseren Kulturverhältnissen eine Seltenheit geworden ist, der durch Altersschwäche, lässt das Leben ohne Wunsch und ohne Furcht erlöschen. So ist der Naturmensch ein Augenblicksmensch, seinen kultivierten Nachkommen würde sein Leben als unendlich öde und langweilig erscheinen; und doch, wenn man das Ganze des Lebens eines solchen Einsiedlers mit dem eines modernen Menschen vergleicht, so steht es an Reinheit, Gesundheit, Glück unendlich hoch über diesem. Alle Bedürfnisse, alle Wünsche und alle Gefühle des unkultivierten Menschen sind wahr und wirklich, der Weg der Zivilisation verwandelt diese Welt der Wahrheit in eine Scheinwelt und im Scheine, in der Einbildung, kann niemals wahres Glück gedeihen.

Es ist bezeichnend für die geringe Ausbildung des Familiensinns bei Rousseau, dass er für den Übergang vom isolierten zum gesellschaftlichen Leben auf die nächstliegende Konstruktion, nämlich der Fortbildung des vorübergehenden Geschlechtsverkehrs und der Aufziehung der Kinder, verzichtet hat. Andere Möglichkeiten, zwischen denen er mehr die Wahl lässt als sich für eine derselben dogmatisch entscheidet, sind die Notgesellschaft zum Zweck gemeinsamer Jagd auf essbares Wild oder zur gemeinsamen Abwehr gegen solche wilde Tiere, deren Kraft die des einzelnen Menschen übersteigt. Vor allem aber ist es die Einführung des Ackerbaus, von dem es nicht deutlich gesagt wird, ob er infolge zunehmender Bevölkerung oder bei der Abwanderung der Menschen in weniger fruchtbare Gegenden entstanden sei, welche Rousseaus volles Interesse in Anspruch nimmt. Denn während die Notgesellschaft ähnlich wie auch die Aufziehung der Kinder, die Notfamilie, sich auflöst, sobald ihr vorübergehender Zweck erreicht ist, wird durch den Ackerbau der Mensch an eine bestimmte Stelle gefesselt, und so kann es gar nicht fehlen, dass er nun» mehr in regelmäßige Beziehungen zu seinen ähnlich sesshaften Nachbarn tritt. Vor allem aber ist mit dem Ackerbau eine Institution gegeben oder doch ermöglicht, welche die eigentliche Triebkraft der späteren Entwicklung abzugeben bestimmt war: d a s E i g e n t u m . „Der Erste, der ein Stück Land einzäunte und es für sein ausschließliches Eigentum erklärte, und der Leichtgläubige fand, die töricht genug waren, seinem Anspruch Gehör zu geben, ist der wahre Begründer der Gesellschaft."1 Es ist gar nicht zu bezweifeln, dass in diesen berühmten Worten Rousseau seine ganze negative Schätzung der gesamten Kulturentwicklung epigrammatikalisch zusammendrängen wollte: Ohne Eigentum keine Kulturentwicklung, ohne Kulturentwicklung kein Kulturelend. Wir werden aber später sehen, dass-es ganz ungereimt ist, Rousseau die Meinung in den Mund zu legen, als habe er unter den heutigen Kulturzuständen eine Abschaffung des Eigentums empfohlen, oder als habe er gar des Glaubens. gelebt, es würde mit der Abschaffung des Privateigentums der glückliche Naturzustand sich wieder einstellen. Die angeführten Worte fordern solche Folgerungen nicht und spätere Ausführungen Rousseaus, die wir noch zu betrachten haben, schließen sie ausdrücklich aus.

Mit dem Ackerbau stellt sich ein neues Eigentum für den Menschen alsbald ein: das Werkzeug. Auch der Naturmensch wird einen Baumast oder Stein ergriffen haben, um sich wilder Tiere zu erwehren, aber er warf sie wieder fort, wenn der Augenblickszweck erreicht war. Jetzt bedarf es dauerhafter Gegenstände, um die dauernde Bearbeitung des Bodens zweckmäßig zu gestalten. Wenn früher ein Blitzstrahl gelegentlich einen Baum entzündet hatte, so verlosch das Feuer, das für den Naturmenschen nutzlos war; jetzt wird die Flamme wertvoll zur Herstellung der Werkzeuge, bald auch zur Zubereitung der Speisen, sie wird gehegt und behütet. Bald vermag mit ihrer Hilfe der Mensch die Metalle, welche ein gütiges Geschick vor ihm im Innern der Erde verborgen hatte, zu schmelzen und für seine Zwecke nutzbar zu machen. Er spürt dem Eisen nach und wird Bergmann. Nun als sesshafter Ansiedler gründet er an Stelle der früheren flüchtigen Geschlechtsgemeinschaft die Familie. Die Sprache stellt sich ein als Verständigungsmittel zwischen Eltern und Kindern und im Verkehr der Nachbarn zueinander. Die benachbarten Kinder spielen miteinander, Jünglinge und Jungfrauen begegnen einander auf gewohnten Pfaden, bald vereinigen gemeinsame Feste die Umwohnenden, Gesang erschallt, und in Wettspielen zeigt sich die Kraft und Gewandtheit der Jugend. Auf den Kindheitszustand der Menschheit ist ihr Jugendalter gefolgt, und während das erste dem Gedächtnis der Menschheit entschwunden ist und sich nur noch dem Auge des Forschers erschließt, verweilen bei diesem als auf dem goldenen Zeitalter des Geschlechtes die sehnsüchtigen Erinnerungen auch des modernen Menschen.

---

1 Le premier qui ayant enclos un terrain s'avisa de dire „ceci est' à moi", et trouva des gens assez gimples pour le croire, fut le vrai fondateur de la société civile. (Discours sur l'origine et les fondements de l'inégalité parmi les hommes. Seconde partie. 1764.)

Wo freilich viel Licht ist, da ist viel Schatten. Rousseau war durchaus nicht gewillt, in der Darstellung des Jugendzustandes der Menschheit nur die Lichtseiten hervortreten zu lassen, umso mehr da im weiteren Verlauf der Entwicklung vorwiegend diese Schattenseiten sich mehr ausbreiten, während die erfreulicheren Züge, die in dieser Zeit noch stark hervortreten, teils stationär bleiben, teils sogar rückgebildet werden. Vor allem ist es ein psychologischer Unterschied zum Naturmenschen, der auf dieser Stufe der Entwicklung Rousseaus Aufmerksamkeit auf sich zieht. Der Naturmensch hatte Selbstliebe, aber keine Eigenliebe. Das wird anders, sowie er in soziale Beziehungen zu seinen Mitmenschen tritt. Denn nun beginnt er, sich mit seinem Nächsten zu vergleichen, ebenso wie er das Objekt dieser Vergleichung bei anderen wird. Bei den Festspielen, bei den Zusammenkünften der Nachbarn, bei der Bewerbung um die Gunst der Geliebten, bei der gemeinsamen Jagd und dem gemeinsamen Mahl, überall gilt es, nicht nur das eigene Leben zu leben, sondern auch den Wert dieser Eigenart anderen bemerklich zu machen, womöglich als der Stärkste, der Schönste, der Geschickteste, der Beredteste zu erscheinen. Es führt dieses Streben zwar auch dazu, die eigenen Anlagen nach Kräften auszubilden, aber schon auf dieser Stufe wird der damit verbundene Triumph über den besiegten Nebenbuhler oder Mitstreiter zu einem unerfreulichen Charakterzuge, der den Menschen auf dieser Stufe zu seinem Schaden vom Naturmenschen unterscheidet. Dabei bleibt es aber nicht. Wo das Sein nicht vorhanden ist, wird zum Schein gegriffen. Da der Schwerpunkt der eigenen Beurteilung wesentlich in der Schätzung der anderen liegt, so kommt es wenig darauf an, durch welche Mittel diese Schätzung errungen oder erzwungen wird, wenn sie nur dem lieben Ich gezollt wird. Daher greift man schon früh zur List, wo die eigene Stärke nicht hinreicht, zur Verleumdung, wo der Wert des Nebenbuhlers nicht erreichbar ist. Ein künstliches Bild des eigenen Wesens wird für die anderen entworfen und alles daran gesetzt, diesem künstlichen Ansehen Geltung und Dauer zu verschaffen. An Stelle der Selbstliebe tritt die Eigenliebe.

Hand in Hand mit dieser psychologischen Entwicklung, sie fördernd und unterstützend, wie von ihr beeinflusst, treten soziale Erscheinungen, die der Naturmensch nicht kannte, nicht kennen konnte. Schon in seinem Artikel über politische Ökonomie in der Enzyklopädie hatte Rousseau darauf hingewiesen, dass mit dem Ackerbau die von uns heute so genannte Augenblickswirtschaft prinzipiell aufhört. Es beginnt die Möglichkeit, Vorräte aufzuhäufen, der ertragreichere Boden, der fleißigere Arbeiter stehen im Vorteil den minder Begünstigten gegenüber. Der Unterschied von reich und arm fängt an, sich anzumelden, wenn er auch noch nicht die gigantischen

Proportionen annimmt, welche die heutige Gesellschaft zeigt. Aber einmal ins Leben getreten, muss dieser Unterschied einen weiteren mit sich führen, der verhängnisvoll für die Stellung der Menschen zueinander werden muss. An Stelle der natürlichen Gleichheit unter den Naturmenschen, an Stelle der nur durch Unterschiede in der eigenen körperlichen und geistigen Tüchtigkeit bedingten Wertordnung während des Jugendalters der Menschheit tritt nunmehr der auf Besitz zurückgehende Unterschied zwischen Herren und Sklaven. Der Ursprung dieser hassenswerten Einrichtung kann ein verschiedenartiger sein, das Resultat ist immer dasselbe. Wenn der Arme, um in den Zeiten der Not sein Leben zu fristen, sich ganz in die Gewalt des Reichen begibt und durch seine eigene Arbeit mit jedem Tage die Kluft zwischen sich und dem Übermächtigen noch verbreitern hilft, wenn der durch List und Gewalt Überfallene seiner Freiheit entsagt, um sein Leben zu retten, und nur noch den Willen seines Herrn kennen darf, anstatt des eigenen – immer ist das Resultat dasselbe: durch die Kraft und die Arbeit seiner Sklaven, nicht durch die eigene, wird der Herr über die Masse seiner Nachbarn emporgehoben, und bald schmeichelt es seinem Egoismus, keinen freien Willen neben dem eigenen anerkennen zu müssen, seinen Wert erhöht zu sehen durch die Menge der Sklaven, über die er gebieten kann.

Damit ziehen Luxus und Müßiggang in die menschliche Gesellschaft ein; nicht mehr der Müßiggang des Naturmenschen, der nichts bedurfte und deshalb den Wert der Arbeit nicht kannte, sondern der Müßiggang des reichen Kulturmenschen, der es versteht, jede seiner Kaprizen durch die Arbeit anderer befriedigen zu lassen. Denn erst in dieser Zeit beginnen die Erscheinungen, die wir heute unter dem Namen Kultur zusammenfassen, wogegen wir die Gesellschaften im Jugendzustand der Menschen als Naturvölker zu bezeichnen pflegen; mit Unrecht, weil auch diese schon sich aus dem Zustand der Natur entfernt haben, mit Recht, weil ihr Zustand dem des Naturmenschen unendlich näher steht als dem unseren, der Vollkultur. Die allgemeine Signatur der Vollkultur kann man darin erblicken, dass jene Neigung zum Schein, die sich schon im Jugendalter der Menschheit anmeldete, nunmehr ins Ungeheuerliche, ins Groteske wächst. Handelte es sich bei dem Menschen des Jugendalters auch im schlimmsten Fall darum, wirkliche Vorteile mit Hilfe scheinbarer Vorzüge zu erlangen, so ist, die Signatur der Kultur, dass sie wirkliche Vorteile dahingibt, um Scheinwerte zu erlangen, dass sie scheinbare Bedürfnisse durch Scheinmittel befriedigt. In dem Jugendzustand suchte der Mensch Kenntnis der Dinge zu erlangen, die ihm von Nutzen oder von Nachteil waren. Mit Scheu ehrte er das Geheimnis der übermenschlichen Mächte, er verbot es sich und anderen, die unbefangenen auf dem Gefühl beruhenden Grundsätze, die sein Verhalten zu dem der Nachbarn regelten, in Frage zu stellen oder zu bekritteln. Er dachte wenig und nützlich, er fühlte tief und stark. Jetzt beginnt die Neugierde die Wissenschaft hervorzurufen. Dinge, die keinen erdenklichen Wert für das menschliche Leben haben, werden mit Eifer untersucht, um den Reichen und Mächtigen eine müßige Stunde zu vertreiben und die Eitelkeit der Gelehrten durch den ihnen gespendeten Beifall bis ins Maßlose zu erhöhen. Die heiligsten Überzeugungen, die wohltätigsten Gefühle der Menschen werden so lange kritisiert, bis sie schal und alltäglich zum Spott werden und keine Gewalt mehr haben, das menschliche Leben zu regeln. Die Stelle der wirklichen Natur, von der sich die Menschen durch die Mauern ihrer Städte getrennt haben, müssen nun Bilder, auf Leinwand gepinselt, vertreten; weil wir keine Zeit mehr haben, zur wirklichen Natur zu gehen, so muss eine Scheinnatur an den Mauern unserer Zimmer sie ersetzen. Und ebenso, wie in nutzlosen Klügeleien inmitten einer unwahren Natur leben wir auch in einer unwahren Welt der Gefühle. Der Naturmensch hatte wenige aber starke Gefühle, die sein Handeln unmittelbar auslösten. Sein natürliches Mitleid machte es ihm unmöglich, fremde Leiden zu sehen, ohne ein starkes Gefühl, diesem Leiden abzuhelfen, ohne hilfsbereites Handeln, das diesem Gefühl entspringt. Aber es würde ihm nicht einfallen, Mitleid mit nur scheinbarem Leide zu empfinden, sein wirkliches Gefühl richtet sich nur auf Wirkliches. Ganz anders der Kulturmensch. Ihm genügt es, dass seine Gefühle erregt werden, aber er will sie durchaus nicht in Handlungen zum Wohle des Unglücklichen umsetzen, es schmeichelt seiner Eigenliebe vor sich selber als fühlender Mensch dazustehen, aber es würde sie noch viel mehr schädigen, wenn auf das erregte Gefühl nun Handlungen zu folgen hätten, die seine Muße oder auch nur seinen Geldbeutel in Anspruch nehmen würden. Der vollendete Ausdruck dieses Zustandes der Kulturmenschen ist das Theater. Hier werden erdichtete Leiden vorgeführt, um ein falsches Mitleid, eine falsche Rührung zu erwecken. Während der Naturmensch dem Unglücklichen hilft, geht der Kulturmensch teilnahmslos an ihm vorbei und hängt den schönen Gefühlen nach, die im Theater durch die Kunst des Schauspielers in ihm erregt sind.

Immerhin war es keine Inkonsequenz, wenn Rousseau einerseits seinen geliebten Genfern auf das dringendste davon abriet, das Theater bei sich einzuführen, und anderseits die Notwendigkeit des Theaters für Paris auf das nachdrücklichste betonte. Wo die Sitten im Allgemeinen noch ungebrochen sind, wo die Menschen noch ein wirkliches und nicht ein Scheinleben führen, da ist das Theater zweifellos ein Mittel, den Verfall der Sitten herbeizuführen oder zu beschleunigen, und daher muss sich eine derartige Gemeinschaft energisch den Rat der Freunde verbitten, welche sie, wie das d'Alembert getan hatte, im Interesse der Kultur und der Verfeinerung der Sitten mit diesem Danaergeschenk beglücken wollen. Wo aber die Sitten bereits so verderbt sind wie in Paris, wo die Verfeinerung der Sitten bereits so weit gediehen ist, dass sie überhaupt nicht mehr existieren, da würde die Abschaffung des Theaters einen schweren Fehler bedeuten. Die Theaterbesucher würden nicht versuchen, ihr Mitleid, das nicht mehr künstlich angeregt wird, durch Taten wirklicher Mildtätigkeit zu befriedigen, sondern sie würden eine Zeit, in der sie bisher zwar unnütz, aber nicht lasterhaft unterhalten wurden, dazu verwenden, ihren sittenlosen Vergnügungen, ehrgeizigen Plänen und verbrecherischen Handlungen mit größerer Muße als bisher nachzugehen.

Diese Stellungnahme Rousseaus zum Theater ist nur ein Spezialfall des allgemeinen Pessimismus, mit dem er in die Zukunft der Menschheitsentwicklung blickt. Niemand hatte klarer die Gefahren gesehen, mit denen die moderne Kultur die Sittlichkeit und das Glück des Menschen bedroht, aber niemand war auch so überzeugt davon, dass diese Entwicklung nicht auf Zufälligkeiten beruhe, sondern sich mit der ganzen Wucht und Unentrinnbarkeit eines Fatums vollzogen habe. Daher es denn auch Rousseau unmöglich erschien, dass die heutigen Menschen jemals den Weg zurück zu reineren und glücklicheren Zuständen gewinnen könnten. Es würde gar nichts helfen, die Akademien und Laboratorien, die Ateliers der Maler und der Bildhauer, die Opern und Schauspielhäuser zu schließen, man würde dadurch nur die Vorteile verlieren, die sie, wenn auch in mäßigem Grade, für die Fortbildung des Intellekts, die Verfeinerung des Geschmacks und die Vertreibung der Langeweile unleugbar haben. Die Menschen würden roher und gemeiner, aber durchaus nicht besser werden. Nicht in den Institutionen, in den Menschen selber ist ihre Verderbtheit begründet und um diese zu beseitigen, müssten die Menschen von Grund aus andere werden als sie sind. Ob dies durch einen plötzlichen Entschluss, durch einen augenblicklichen Enthusiasmus gelingen könne, das bezweifelt Rousseau mit Recht. Das goldene Zeitalter liegt nicht, wie die modernen Aufklärer meinen, in der Zukunft, es liegt wie das biblische Paradies in der Vergangenheit des menschlichen Geschlechts, und Rousseau sieht keinen gangbaren Weg, der dorthin zurückführt. Daher ist es auch nicht berechtigt, wenn man Rousseau die Absicht zugemutet hat, die Menschen wieder zum Naturstand zurückzuführen. Wenn Voltaire in jenem ironischen Ton, den er Rousseau gegenüber überhaupt anzuschlagen liebte, ihm schrieb, er habe nach der Lektüre seines ersten *Discours* den Wunsch empfunden, auf allen Vieren zu kriechen und Salat zu fressen, so war Rousseau weit davon entfernt gewesen, seinem Mitbruder in Apoll dergleichen anstrengende Exerzitien zuzumuten. An den vereinzelten Stellen, wo er überhaupt eine Rückkehr zur Natur als möglich denkt, bedeutet sie ihm nur eine Wiederherstellung des Jugend-, nicht des Kindheitsalters der Menschheit. Aber meist sieht er mit klarem Blick die Unmöglichkeit auch dieser Zurückentwicklung ein.

Es kann nicht unsere Aufgabe sein, in eine ausführliche Kritik der Geschichtsphilosophie Rousseaus einzutreten. Seinen Zeitgenossen gegenüber hatte er zweifellos Recht. Die ungezählten Versuche der Erwiderungen gegen seine beiden *Discours*, die den bisherigen Standpunkt zu verteidigen suchten, sind einer verdienten Vergessenheit anheimgefallen, und auch heute noch sind die Worte Rousseaus ein warnendes Menetekel für jeden naiven Versuch, die Gleichung: Kultur gleich Glück aufs neue herausrechnen zu wollen. Dass jeder Schritt in die Kultur hinein nicht nur einen Schritt von der Natur fort, sondern auch eine Erschwerung für das Ziel des naiven Glücksstrebens bedeutet, wird heute wohl nur noch von wenigen bestritten. Aber nicht nur durch seine Zeit, auch durch seinen Charakter war Rousseau die Fragestellung unmöglich gemacht, ob nicht vielleicht trotzdem, ja gerade weil die Kultur keine Rücksicht auf unser Streben nach Glück nimmt, weil sie in ihren Schöpfungen nur überindividuelle Wert entstehen lässt, die nicht geeignet sind, den Menschen, der sich in ihren Dienst stellt, glücklich zu machen, dennoch diese Werte allein dem Leben Bedeutung zu geben vermögen. Den ernsten Appell, den diese Werte an Rousseau richteten, vermochte, er nur nach dem Verzicht auf Ruhe und Glück zu würdigen, den sie unleugbar fordern. In dem konventionellen und verkünstelten Kulturleben seiner Zeit konnte er nur die negative Seite, das Aufhören des Naturzustandes, erblicken, und sein Wahrheitssinn wurde durch die falschen Theorien der Fortschrittspfaffen seiner Zeit empfindlich berührt. Dass die Verpflichtung, die er in sich fühlte, und die er männlich erfüllt hat: der Wahrheit die Ehre zu geben und in diesem guten Kampf das Behagen, ja die Sicherheit seines Lebens gering anzuschlagen, ebenfalls das Eintreten für einen Kulturwert war, welcher für seinen Naturmenschen überhaupt noch nicht existiert hätte, dass er sich mit seinem Handeln in Gegensatz zu seinen Lehren stellte, das blieb Rousseau verborgen. Aber gerade dadurch, dass sein Leben im Dienst des Wahrheitswertes im Widerspruch zu seiner Lehre stand, wurde er der Vorkämpfer einer neuen Zeit, welche auf dem Untergrund, den er gelegt hatte, weiter fortbauend die theoretische Berechtigung des Lebens Rousseaus nachzuweisen vermochte. Rousseau lebte, was Fichte nach ihm lehren sollte.

Drittes Kapitel

Die Rechtsphilosophie

In seiner Geschichtsphilosophie hatte Rousseau, wie wir gesehen, den Weg gewählt, seine philosophischen Überzeugungen vom Wert der Geschichte an der Hand einer pragmatischen Erzählung vom V e r l a u f der Geschichte zu entwickeln. Der Weg vom Naturzustand bis auf unsere Verhältnisse war seiner Ansicht nach von der Menschheit wirklich zurückgelegt worden. In der Hervorhebung der wesentlichen Etappen dieses Weges stellte sich aber zugleich Rousseaus Urteil über ihren Wert oder besser ihren Unwert dar. Es lässt sich nicht leugnen, dass diese Verschränkung beider Gesichtspunkte zu der verhängnisvollen Vermischung führen konnte, welche Lessing einmal in die Worte zusammengefasst hat: Zufällige Geschichtswahrheiten können niemals notwendige Vernunftwahrheiten begründen. In Wahrheit ist das Urteil Rousseaus über den Wert der Kultur ganz unabhängig davon, ob sein Naturmensch jemals existiert hat oder nicht. Aber es lässt sich nicht leugnen, dass gerade diese unmethodische Verschmelzung zweier Gesichtspunkte viel zu dem tiefen Eindruck beigetragen hat, den die Geschichtsphilosophie Rousseaus auf seine Zeitgenossen macht. Noch an einer anderen Stelle hat sich diese Problemverschlingung an Rousseaus eigenem Werk gerächt. Seine originellste Leistung auf wissenschaftlichem Gebiet, seine Rechts p h i l o s o - p h i e , ist lange Zeit dahin missverstanden worden, als habe Rousseau hier eine Rechtsg e s c h i c h t e geben wollen, als handle es sich für ihn nicht darum, die bestehenden sozialen und rechtlichen Einrichtungen der Mensch- heit daraufhin zu prüfen, ob sie „richtiges Recht" (Stammler) seien, sondern, dass er habe pragmatisch erzählen wollen, wie es gekommen sei, dass heute diese und keine anderen Gesetze in Kraft seien. Erst in unserer Zeit sind durch die Arbeiten Stammlers, Liepmanns und Haymanns diese Missver- ständnisse beseitigt worden. Wir wissen heute, dass es sich für Rousseau nicht um Rechtsgeschichte, sondern um Rechtsphilosophie gehandelt hat.

Dass der Irrtum über die Absicht des *Contrat social* entstehen konnte, hat freilich seine guten Gründe. Bei allen bahnbrechenden Geistern müssen wir nun einmal mit der Tatsache rechnen, dass sie selber Bürger des Zeitalters sind, welches sie überwinden wollen. Die alten Gedanken und Methoden drängen sich immer wieder hervor und stehen hart neben den Prinzipien einer kommenden Zeit. Die Kritik der reinen Vernunft ist zum guten Teil ein vorkritisches Buch, und wer nur auf diese Teile achtet, hält sie noch heute in aller Unschuld und mit guten Gründen für einen psychologischen Traktat. Ähnlich ist es mit dem *Contrat social*. Er ist das erste rechtsphilosophische Buch, er begründet diese Wissenschaft und gerade deshalb sind noch erhebliche rechtshistorische Bestandteile in ihn herübergenommen worden, welche stark genug sind, es verstehen zu lassen, wie man den eigentlichen Charakter des Buches vollkommen verkennen konnte.

Wie Rousseau seine Arbeit angesehen wissen wollte, geht schon aus der Kritik hervor, die er an einigen seiner Vorgänger vollzieht. Mit zwei Männern setzt er sich zuerst auseinander: mit Hobbes und mit Filmer. Nach Hobbes wird der ursprüngliche Krieg aller gegen alle, der aus der vollständigen Freiheit aller Individuen hervorgeht durch einen Vertrag beendet, in welchem alle auf ihre Freiheit verzichten, diese auf die Regierung übertragen und von der Regierung die Gesetze empfangen, durch welche ein friedliches Zusammenleben der Teilnehmer am Vertrage ermöglicht wird. Da ein jeglicher Zustand erträglicher ist, als der des Naturzustandes, da aber jede Auflehnung gegen die Regierung eine Kündigung des Vertrages bedeutet und den Naturzustand wieder herbeiführt, so liegt; die einzige Grenze der Regierungsgewalt darin, dass sie; den Untertanen nicht befehlen kann, Selbstmord zu begehen, denn etwas Schlimmeres als der Tod kann ihnen auch außerhalb des Vertragsverhältnisses nicht begegnen, und so dürfen sie in diesem Fall den Krieg aller gegen alle einem solchen Vertragsverhältnis vorziehen Rousseau wendet gegen diese Lehre ein, dass nach ihr gar keine Möglichkeit ist (von jener einzigen Ausnahme abgesehen), zwischen guten und schlechten, gerechten und ungerechten Gesetzen zu unterscheiden, und dass sie somit, die Tatsächlichkeit eines solchen Vertrages vorausgesetzt, zwar die Entstehung von Gesetzen erklärt, aber nicht erlaubt, zwischen wohltätigen und nachteiligen Gesetzen zu unterscheiden. Mit einem Wort, Rousseau vermisst bei Hobbes die Angabe eines Kriteriums zur Beurteilung der Verfassungen und Gesetze.

Die entgegengesetzte Theorie Filmers leidet an denselben Mängeln. Nach Filmer beruht die Gewalt des Gesetzgebers auf patriarchaler Grundlage, diese aber geht auf göttliche Einsetzung zurück. Wie Gott dem Familienvater mit der Sorge für seine Kinder auch die Gewalt über dieselben gegeben hat, wie es die gottgewollte Pflicht des Vaters ist, zu herrschen, der Kinder aber, zu gehorchen, so ist auch nach dem Schriftwort alle Obrigkeit von Gott, ihre Gebote sind von der göttlichen Autorität ihres Amtes getragen, eine Auflehnung der Untertanen gegen ihre Obrigkeit ist nicht nur ein

Bruch des Rechtes, sondern auch eine Sünde wider Gott. Rousseau bezweifelt zunächst, dass der Vergleich des Familienvaters mit dem Herrscher hier zutrifft, da das Entscheidende bei der patriarchalen Familie, der Unterschied in Alter und Weisheit zwischen Vater und Kindern hier wegfällt. Die Lehre, dass die Obrigkeit von Gott sei, fügt er mit einigem Spott hinzu, sei nicht anzuzweifeln, aber dürfe nur in demselben Sinne genommen werden, nach welchem man auch eine Krankheit als von Gott gesandt betrachtet und sich gleichwohl nicht besinnt, einen Arzt zu rufen. Auch nach dieser Lehre fehlt jede Möglichkeit eine Beurteilung der Regierungsformen, Verfassungen und Gesetze vorzunehmen, denn da alle auf die gleiche göttliche Autorität zurückgehen und durch dieselbe gerechtfertigt werden, so sind auch alle gleich gut.

Neben diesen beiden philosophischen Lehren kennt aber Rousseau auch eine rein tatsächliche historische, die sich nicht auf einen hypothetischen Vertrag oder auf die göttliche Autorität beruft, sondern rein an der Hand der Tatsachen die Entstehung und das Wesen der Staaten begreifen will. Da zeigt es sich denn, dass es das Recht des Stärkeren ist, welches die Staaten begründet. Durch Eroberung wird ein Teil des Staatsgebietes nach dem anderen erworben, nach Kriegsrecht werden die Unterworfenen versklavt oder doch in ihrer Freiheit gemindert, durch Gewohnheit werden im Lauf der Generationen diese Zwangsmaßregeln zu Gesetzen. Der dahinterstehende Machtwille braucht sich nicht mehr dauernd in Gewaltmaßregeln zu äußern, es ist genug, dass er da ist. Die Gesetze werden so lange beobachtet und gelten so lange, wie die Macht, welche sie ins Leben gerufen hat, weiter fortbesteht. Mit dem Aufhören oder Erlahmen dieser Macht fällt entweder das Staatswesen auseinander oder ein neuer stark gewordener Wille schafft eine neue Rechtsordnung. Auf diesem Boden bewegen sich die meisten der heute gegen Rousseaus Lehre vorgebrachten Einwürfe, daher ist die Kritik Rousseaus hier von aktuellem Interesse. Rousseau ist weit davon entfernt, zu leugnen, dass die Geschichte uns unzählige Beispiele zeigt, wie in der angeführten Weise Staaten entstehen und vergehen. Ja, er würde ebenso wenig erstaunt sein, wenn ihm gezeigt würde, dass alle augenblicklich bestehenden Staaten diesen Ursprung haben, wie es einen Geometer erstaunen würde, sagte man ihm, dass kein einziger wirklicher Kreis der mathematischen Definition des Kreises entspräche. Der Geometer würde einfach antworten, dass in diesem Falle kein eigentlicher Kreis existiere und würde ruhig an seiner Definition des Kreises festhalten. Genau dasselbe Recht hat nun aber der Theoretiker des Rechtsstaates gegenüber einem solche faktischen Nachweis, der ihm zeigt, dass alle bestehenden Staaten Gewaltstaaten sind. Dass Gewalt den Willen eines Menschen oder beliebig vieler Menschen knebeln kann, weiß der Philosoph ebenso gut wie der Historiker oder wie jeder Mensch überhaupt. Seine Frage, die nach diesem brillanten psychologischen Aperçu erst anhebt, ist die, ob ein Unterschied zwischen Gewalt und Recht besteht, und diesen Unterschied glaubt Rousseau machen zu können. Auch das erscheint ihm zweifelhaft, ob durch Verjährung des Gewaltaktes jemals Recht entstehen kann, denn damit könnte die Frage nach dem richtigen Recht mit der Uhr in der Hand beantwortet werden. Vor allem aber; auch diese Theorie zeigt denselben Fehler wie die von Hobbes und Filmer. Wenn jedes Verhältnis zwischen Stärke auf der einen, Ohnmacht auf der anderen Seite als Recht angesehen werden soll, so fehlt uns wiederum jede Möglichkeit, die Rechtsordnungen unter den Menschen nach ihrem Wert zu beurteilen, denn alle haben alsdann die gleiche Legitimation, die sich auf den gleichen Ursprung berufen können.

Wie Rousseau seine Aufgabe auffasst, hat er klar und präzise dahin formuliert: „Wir sprechen von den Menschen, wie sie sind, und von den Gesetzen, wie sie sein sollen." Das heißt, auch die Rechtsphilosophie muss sich immer auf die wirklichen Eigenschaften der Menschen gründen. Sie will Normen aufstellen für die Beziehungen der Menschen untereinander, aber sie kann dies nicht, wenn sie die Menschen als Engel betrachtet und ihnen dann Unmögliches zumutet, sondern nur, wenn sie zu ihrer Basis die tatsächlich bei den Menschen vorkommenden Eigenschaften nimmt. Aber freilich ist es nicht ausgeschlossen, dass die Menschen tatsächlich Gesetze unter sich gelten lassen, die für sie zu schlecht sind; daher ist zwar die menschliche Natur die Grenze, über welche die normativen Bestimmungen der Rechtsphilosophie nicht hinausgehen können; was aber im Verlauf der historischen Entwicklung etwa aus dieser menschlichen Natur durch Zwang, Unterdrückung, Entnervung und Luxus geworden sein sollte, und ob also entartete Wesen überhaupt noch in der Lage sind, eine ideale Gesetzgebung bei sich einzuführen und nach ihr zu leben, muss beim Entwurf einer normativen Gesetzgebung unberücksichtigt bleiben, denn alles dieses sind historische Tatsachenfragen, die das Wesen des Menschen nicht berühren.

Wie der Mensch von Natur beschaffen ist, das wissen wir aus Rousseaus Geschichtsphilosophie. Es war nun ein verhängnisvoller Schritt Rousseaus, dass er, von diesem Naturzustand ausgehend, die Prinzipien entwickelte, die den Übergang vom Naturzustand zum gesellschaftlichen Zustand der Menschen regeln sollten. Er erregte dadurch fast unvermeidlich den Irrtum (und scheint ihn gelegentlich selber geteilt zu haben), als sei dieser Übergang zum Rechtsleben ein historisches Faktum, als seien tatsächlich, wie Loge dies einmal beißend formuliert, „die Biedermänner der Urzeit" zu einem Vertrage zusammengetreten, weil man gemeinsam doch so viel besser leben könne als einzeln. Hobbes' Staatvertrag ist eine Realität, denn alle Autorität des bestehenden realen Rechtes geht auf ihn zurück. Rousseaus Staatsvertrag stellt lediglich die Bedingungen dar, unter denen natürliche, nicht historisch verbildete Menschen in eine normative gesellschaftliche Verbindung eingehen können. Er ist kein Faktum, sondern eine Konstruktion.

Da Rousseau, wie wir im zweiten Kapitel gesehen haben, den Menschen als isoliertes, freies, lediglich ein eigenes Wohl berücksichtigendes Individuum auffasste, so ist es für ihn selbstverständlich, dass es nur der eigene Vorteil sein kann, welcher das Motiv der Rechtsordnung bildet. Ebenso deutlich ist es aber, dass der Naturmensch gar kein Interesse daran haben kann, sein Glück durch gesellschaftliche Einrichtungen zu erreichen, da er zu seinem Glück der anderen Menschen nicht bedarf. Erst nachdem f a k t i s c h bereits gesellige Beziehungen zwischen den Menschen entstanden und faktisch die Einrichtung des Eigentums vorhanden ist, kann sich das Bedürfnis herausstellen, diese Beziehungen nun auch rechtlich zu normieren. Daher es denn auch falsch ist, das Naturrecht Rousseaus so aufzufassen, als ob es ein Recht sei, das im Naturzustand gegolten hatte. Im Naturzustand gilt kein Recht; der Naturmensch braucht kein Recht, weil die Voraussetzung alles Rechtes, ein Zusammenleben der Individuen, fehlt. Wie kann sich nun der einzelne durch eine allgemeine Norm verpflichtet fühlen. Offenbar nicht, wenn diese allgemeine Norm sich als eine den eigenen Willen zwingende, fremde und äußere Gewalt darstellt. Auf diesem Wege kann es, wie wir gesehen haben, nur zu einem Gewaltstaat, niemals zu einem Rechtsstaat kommen. Um das Gesetz als für mich gültig, mich verpflichtend, anerkennen zu können, muss ich in ihm meinen eigenen Willen wiedererkennen, der, da er sich auf eine Gemeinsamkeit von Menschen und ihre Interessen richtet, ebenso den Willen aller anderen repräsentiert, wie den meinen. Wenn sich mein Wille auf meine individuellen Zwecke richtet, so bleibt er individuell; richtet er sich auf Zwecke, die einer Mehrheit von Menschen gemeinsam sind, so verschmilzt er mit dem Willen der anderen zum Gesamtwillen. Der Gesamtwille ist also der durch den Willen zur Gemeinsamkeit konstituierte Träger und Schöpfer der gesetzlichen Ordnung und im Gegensatz zur Gewaltordnung. Daraus ergibt sich nun aber, dass für alle gesellschaftlichen Festsetzungen der Gesamtwille schlechthin souverän ist, d.h. eine über ihm stehende Gewalt nicht anerkennen darf. Täte er dies, so würde er und damit der Wille aller derjenigen, die sich in ihm vereinigt haben, unfrei; der Rechtsstaat hörte auf, Rechtsstaat zu sein und würde Gewaltsaat unter dem Willen dessen, der der Souverän des Gesamtwillens geworden wäre: Es kann daher sehr wohl eine Rechtsgemeinschaft einstimmig beschließen, sich einen oder mehrere Souveräne zu setzen, aber dieser Beschluss ist genau dasselbe auf sozialem Gebiet, was der Selbstmord im individuellen Leben ist. Der Gesamtwille hört auf zu funktionieren, und die Rechtsordnung wird zur Gewaltordnung des neuen Souveräns.

Um zu begreifen, was Rousseau unter dem Gesamtwillen (*volonté générale*) versteht, muss man ihn sorgfältig von dem Willen aller (*volonté de tous*) unterscheiden. Rousseau ist weit davon entfernt, anzunehmen, dass die Einmütigkeit selbst aller Mitglieder eines sozialen Verbandes Ausdruck des Gesamtwillens in allen Fällen ist. Das Ideal der gesellschaftlichen Ordnung wäre dies freilich, und Rousseau ist in der Tat der Ansicht, dass unter normalen Verhältnissen nicht erst die Gesamtheit, sondern schon die Majorität der Beratenden Beschlüsse fallen wird, die Ausdruck des Gesamtwillens sind. Zieht man diejenigen Willensäußerungen ab, die infolge individueller Wünsche zu sehr nach der einen oder nach der anderen Seite hin tendieren, so wird als Ausdruck des Gesamtwillens, der die Interessen der Gesamtheit vertritt, die kompakte Masse der Willensäußerungen verbleiben, welche gleichweit von beiden individuellen Extremen entfernt das in der Mitte liegende Gesamtinteresse darstellt. Danach könnte Rousseau als ein doktrinärer Vertreter der Lehre von der richtigen Mitte (*juste milieu*) angesehen werden, und wäre dies wirklich seine Ansicht gewesen, so würde es nicht schwer sein, in allen Fällen den Gesamtwillen zur Geltung zu bringen; man brauchte eben nur mechanisch aus den abgegebenen Willensäußerungen einen Mittelwert herauszurechnen. So einfach denkt sich aber Rousseau die Sache doch nicht. Er weiß sehr wohl, dass auch ein einstimmig gefasster Beschluss durchaus nicht Ausdruck des Gesamtwillens zu sein braucht, und daher muss er Kriterien dafür entwickeln, in welchen Fällen der Wille aller als Ausdruck des Gesamtwillens angesehen werden könne.

Fassen wir den Zweck des Zusammentritts der Menschen zur Rechtsordnung (*Contrat social*) nochmals ins Auge. Er bestand darin, Leben und Eigentum des einzelnen nicht als individuelle, sondern als allgemeine durch einen Gesamtwillen garantierte und anerkannte Rechtsgüter festzustellen und zu bestimmen. Damit ist gegeben, dass der Rechtswille einer Gemeinschaft sich auch nur auf allgemeine Maßregeln richten kann, dass also alle gesetzlichen Maßregeln, welche auf Individuen gehen und Individuen als solche treffen wollen, dem Gesellschaftsvertrag zuwider sind und daher, selbst wenn sie einstimmig gefasst werden, Ausdruck des Allgemeinwillens nicht sein können. Ein Gesetz, welches einen bestimmten Menschen mit Namen zum Tode verurteilen oder ihm sein Eigentum konfiszieren würde, wie es z.B. das englische Recht kennt (*bill of attainder*), ein Verfahren, wie es uns der Ostrazismus in Athen zeigt, welches Verbannung über ein bestimmtes Individuum verhängt, ist also nach Rousseau in allen Fällen ungesetzlich. Selbst wenn es mit Stimmeneinhelligkeit beschlossen sein sollte, könnte es niemals der Ausdruck des Gesamtwillens sein. Der Gesamtwille kennt überhaupt keine einzelnen Bürger mit Namen, er kennt nur die Gesamtheit der Bürger und trifft Bestimmungen für diese Gesamtheit, welche alsdann freilich für jeden einzelnen gültig sind, aber nicht deshalb, weil er dieser einzelne ist, sondern weil er zu dieser Gesamtheit gehört.

Die Konsequenz der Rousseauschen Gedanken führt nun freilich dahin, dass alle, die durch ein Gesetz verpflichtet werden können, auch als konstituierende Mitglieder des Gesamtwillens gedacht werden müssen, denn nur unter dieser Voraussetzung können sie ja in den Aussprüchen des Gesamtwillens den Ausdruck ihres eigenen auf das Allgemeine gerichteten Wollens anerkennen. Danach wäre die Teilnahme der Frauen an der gesetzgeberischen Arbeit eine logische Notwendigkeit, wenn sie durch das Gesetz, verpflichtet werden sollen, und diese Konsequenz hat in der französischen Revolution in der Tat Théroigne de Méricourt gezogen. Dass Rousseau diese Konsequenz nicht anerkennt, vielmehr die Frauen von der Teilnahme am politischen Leben ausdrücklich ausschließt, hat seinen Grund in seiner Ansicht über die natürliche Begabung beider Geschlechter, die uns in seiner Erziehungslehre noch beschäftigen wird. Die Voraussetzung für soziales Leben, der auf das Allgemeine gerichtete Wille, fehlt bei der Frau. Sie ist stets an Individuen interessiert, und daher ist es richtig, dass sie zuerst durch ihren Vater, später durch ihren Mann im Ausdruck des Gesamtwillens vertreten wird. Da ferner die Familie, wenn auch nicht als rechtliches, so doch als tatsächliches Verhältnis schon vor dem Gesellschaftsvertrag vorhanden ist, so treten die Kinder als durch ihren Vater repräsentiert mit ihm in den Rechtsverband ein. Wachsen sie heran und erheben sie keinen Einspruch, so kann ihre Zustimmung zur Gesellschaftsordnung vorausgesetzt werden; eine einfache Erklärung zur Gesellschaftsordnung nicht gehören zu wollen, genügt, um sie von allen Pflichten, die sie auferlegt, freilich auch von allen Rechten, die sie gewährt, auszuschließen.

In die Befugnis des Gesamtwillens, allen allgemeinen Bestimmungen, die von ihm ausgehen, bindende Kraft zu verleihen, gehört es nun freilich auch, dass rechtliche Institutionen, die früher durch den Gesamtwillen garantiert waren, diese Garantie auf rechtsgültige Weise durch Beschluss des Gesamtwillens wiederum einbüßen können. So wird z.B. das Privateigentum aus einer faktischen zur rechtlichen Institution dadurch, dass der Gesamtwille allen Beteiligten ihr Eigentum garantiert. Es würde, wie wir gesehen haben, kein Beschluss, der einem einzelnen sein Eigentum konfiszieren wollte, innerhalb der Rechtsordnung möglich, er würde immer ein Rechtsbruch sein. Ganz anders aber stellt sich das Rechtsverhältnis gegenüber einem durch die Beteiligten gefassten Beschluss (für den Stimmeneinhelligkeit gar nicht notwendig ist), der ganz allgemein für a l l e Staatsangehörigen die Abschaffung des Privateigentums und den Übergang, sei es zur sozialistischen, sei es zur kommunistischen Wirtschaftsform, aussprächte. Hier hat der Souverän seine Machtbefugnisse durchaus nicht überschritten. Privateigentum im rechtlichen Sinne, nicht als bloßes Faktum, existiert nur, solange es durch den Gesamtwillen garantiert ist und kann mithin, wenn dieser Wille es zu garantieren aufhört, eine rechtliche Existenz nicht mehr beanspruchen. Das gute Recht der einzelnen Besitzenden würde es sein, dem Zustandekommen eines solchen Gesetzes mit allen gesetzlichen Mitteln entgegenzutreten; ihre Pflicht als Bürger aber bestünde darin, sich dem rechtmäßig zustande gekommenen Beschluss ohne weiteres zu fügen, denn sie sollen durch ihn nicht als Individuen getroffen werden, sondern der Gesamtwille will eine Neuordnung der allgemeinen sozialen Beziehungen durch seinen Beschluss vornehmen, und dies liegt zweifellos innerhalb seiner souveränen Befugnisse. So sieht Rousseau in der Einführung des Kommunismus wohl eine Aufhebung der bestehenden Rechtsordnung, keineswegs aber der Rechtsordnung überhaupt. Es sind nur Opportunitätsgründe, allerdings gewichtigster Art, die ihn dazu veranlassen; die Einführung einer solchen Maßregel dringend zu widerraten. Wenn man. nämlich sieht, wie ganz das Herz des Menschen an seinem Eigentum hängt, wenn man erwägt, für wie viele die Hauptfunktion des Staates darin besteht, ihnen ihr Eigentum zu garantieren, so kann man die Befürchtung nicht unterdrücken, dass für alle diese Bürger der Staat, welcher sich dieser Funktion entschlüge, schlimmer als wertlos werden würde, dass sie aus guten zu schlechten Bürgern, aus Verteidigern. des Staates seine Feinde werden würden. Zu einer solchen Stellungnahme hätten diese Bürger kein Recht, aber umso mehr muss der Staat es vermeiden, ohne die zwingendsten Gründe einen Teil seiner Konstituenten in eine grundsätzliche und erbitterte Opposition hineinzuzwingen, die psychologisch durchaus verständlich, die Grundfetzen aller gesellschaftlichen Ordnung erschüttern und schädigen müsste. Rousseau war also keineswegs prinzipieller Kommunist oder Sozialist, ebenso wenig, wie er prinzipieller Vertreter des Privateigentums war. Aber er zögerte nicht, aus Opportunitätsgründen dem Privateigentum den Vorzug vor einer kommunistischen Ordnung der Gesellschaft zu geben.

Unter den Vorgängern Rousseaus hatten wir bisher absichtlich Montesquieu nicht erwähnt, weil dieser nicht so sehr vom Recht überhaupt, als von der Abgrenzung der einzelnen Rechtssphären untereinander handelt, und hier allerdings. eine normative Regelung der Rechtssphären erreichen will, indem er an die Überreste der ständischen Verfassung in Frankreich und das parlamentarische Königtum in England sich anlehnend die Lehre von der absoluten Trennung der legislativen, exekutiven und richterlichen Gewalten für die Gesundheit des Staatskörpers als unerlässlich fordert. Gerade an diesem Punkte setzt nun die Kritik Rousseaus ein. Es scheint ihm unmöglich, zu verstehen, wie neben dem souveränen Gesamtwillen irgendeine von diesem; unabhängige Sphäre des Rechtes konstruiert werden könne. Was nicht auf den Gesamtwillen zurückgeführt werden kann, mag zwar als Machtwille auftreten und als solcher dem Souverän gegenüber eine Sphäre der Selbständigkeit sich erkämpfen oder behaupten, aber gerade deshalb kann diese Sphäre eine rechtliche Dignität nicht beanspruchen. Sie ist bloßes Faktum und kann nur historisch begriffen, niemals aber als vernünftig eingesehen werden. Die Konstruktion Montesquieus zeigt also denselben Fehler wie die Hobbes' und Filmers; nur dass sie nicht wie diese es unternimmt, alles bestehende Recht als normativ gültig nachzuweisen, sondern dass sie eine bestimmte historische Gestaltung unter allen anderen als die sein sollende herausgreift und auszeichnet. Für diesen Vorzug aber vermag. sie lediglich Zweckmäßigkeitsgründe, keineswegs aber Vernunftgründe ins Feld zu führen. Warum der Wille des Einzelnen sich einer Regierung, welche die von Montesquieu gewünschte Trennung der Gewalten zeigt, unterzuordnen habe, bleibt am Schluss des *Esprit des lois* genauso unverständlich wie am Anfang, und noch weniger ist es zu verstehen, wie diese drei selbständigen Willenssphären sich nebeneinander behaupten können, ohne dass die eine mit der anderen in Macht und Kompetenzkonflikte geriete. Das ist eben nur möglich, wenn es über ihnen noch einen souveränen Willen gäbe; gerade diesen aber kennt das System Montesquieus nicht.

Natürlich sieht auch Rousseau die Notwendigkeit mindestens einer Zweiteilung der staatlichen Funktionen in legislative und exekutive vollständig ein Er weiß sehr wohl, dass, ganz abgesehen von praktischen Gründen, die es unmöglich machen, die Versammlung der Volksgenossen auch mit der Ausübung der Gesetze zu betrauen, eine solche Vereinigung von. Legislative und Exekutive theoretisch erhebliche Schwierigkeiten haben würde. Der Gesamtwille kennt, wie wir gesehen haben, nur allgemeine Gesetze. Die Anwendung dieser Gesetze betrifft aber immer Individuen. Es muss daher der Gesamtwille sich ein Organ schaffen, das, aus Individuen bestehend, die allgemeinen Bestimmungen der Gesetze auf den individuellen Fall anwendet, d.h. die Gesetze ausführt. Dieses Organ nennt Rousseau den Herrscher.

Von einer selbständigen Gewalt des Herrschers kann also gar nicht die Rede sein, seine Bedeutung, seine Existenz verdankt er lediglich dem Gesamtwillen. Dieser hat die Sphäre seiner Befugnisse umgrenzt, und nur solange sich der Herrscher innerhalb dieser Sphäre mit seinen Anordnungen hält, haben diese rechtliche Existenz. Ebenso aber wie der Gesamtwille dem Herrscher diese Gewalt gegeben hat, ebenso kann er sie ihm wieder entziehen. In dem Augenblick, wo die Volksgemeinde zusammentritt, erlischt das Mandat ihres Mandatars, des Herrschers, und nur durch einen neuen Beschluss kann dem bisherigen Herrscher diese. Befugnis aufs Neue übertragen werden. Ist sie von vornherein auf einen bestimmten Zeitraum beschränkt, so hört nach Ablauf dieser Zeit das Mandat von selber auf, und alle ferneren Handlungen des Herrschers entbehren von da ab des Merkmals der Rechtsgültigkeit.

Bei diesen grundlegenden rechtlichen Bestimmungen über die Stellung des Herrschers ist es nun von untergeordneter Bedeutung, auf wie viele oder wie wenige Individuen die Herrschergewalt delegiert wird. Wird sie auf ein Individuum delegiert, so entsteht die Monarchie, auf mehrere die Aristokratie, auf alle die Demokratie. Jede dieser Regierungsformen hat ihre eigentümlichen Vorzüge und Nachteile, jede aber ist, diese ihre Entstehung vorausgesetzt, als rechtlich einwandfrei zu betrachten. Eine eigentümliche Inkonsequenz scheint nach den vorherigen Ausführungen darin zu liegen, dass Rousseau hier auch die Demokratie als mögliche Regierungsform konstruiert Denn es ist schwer verständlich, wie die Gesamtheit der Bürger es machen soll, sich selber die Ausführung ihrer. Beschlüsse zu delegieren, für die sie dann praktisch außerdem sich als ungeeignetes Organ erweisen muss. Rousseau hilft sich hier mit dem Hinweis auf das englische Unterhaus, das sich unter Umständen als Komitee konstituiert, ohne zu bedenken, dass das Unterhaus auch als Komitee weit davon entfernt ist, die Exekutive zu übernehmen, sondern dass es sich auch in diesem Fall lediglich um Maßregeln der Legislative handelt. Wahrscheinlich wollte Rousseau nur darauf hinweisen, dass der Souverän nicht begrifflich an irgendeine Zahl gebunden sei, wenn er Individuen mit der Ausübung der Administration und Exekutive betrauen wolle.

Sehen wir uns nun die den einzelnen Regierungsformen eigentümlichen Vorteile und Nachteile näher an, so findet es sich, dass die Vorteile der Monarchie in der Konzentration liegen, welche durch die die Kraft des Souveräns notwendig erfahren muss. Alle Fäden der Administration laufen hier in einer Hand zusammen, über die gesamte Macht des Staates hat ein einzelner Verfügung, die Abwehr fremder Angriffe kann viel energischer geleitet, der Angriff auf die Gegner viel plötzlicher und erfolgreicher durchgeführt werden, als es bei irgendeiner anderen Regierungsform der Fall ist. Wo das Gebiet des Staates groß, die Verhältnisse seiner einzelnen Teile zueinander verwickelt, die Beziehungen zu seinen Nachbarn mannigfach gespannt sind, da wird die Monarchie sich als die geeignete Herrscherform empfehlen. Aber diesen großen Vorteilen stehen ebenso große Nachteile gegenüber. Es liegt in der menschlichen Natur begründet, dass der Herrscher immer ein starkes Interesse daran haben wird, sich von seinem Souverän unabhängig zu machen und ihn womöglich zu depossedieren. E wird es systematisch versuchen, die Grenzen seiner Befugnisse immer mehr zu erweitern und in den Augen des Volkes als eigentlicher Souverän zu erscheinen. Diese Versuchung ist für den Monarchen am allergrößten, weil sich in ihm die meisten Machtmittel konzentrieren und er hoffen darf, durch persönliche Vorzüge, äußere Erfolge und blendendes Schaugepränge der großen. Masse gegenüber den unpersönlichen Gesamtwillen zu verdrängen und als der eigentliche Träger aller Macht zu erscheinen. So kann es am leichtesten in der Monarchie dazu kommen, dass die Volkssouveränität obsolet wird und sich vielleicht nur noch in einigen bedeutungslosen Zeremonien erhält, während der frühere Mandatar, der Herrscher, zum Souverän, der frühere Rechtsstaat zum Gewaltstaat geworden ist. Bessere Garantien für die Fortdauer der Volkssouveränität bietet die Aristokratie, weil hier die Eifersucht der einzelnen Kollegen, an welche gemeinschaftlich die Herrschergewalt delegiert ist, die Herrschergelüste jedes einzelnen im Zaum hält. Aber dieselbe Eifersucht macht sich auch in allen Regierungsgeschäften bemerklich und verhindert die starken und geschlossenen Aktionen nach außen, in denen wir einen Vorzug der Monarchie sahen, anderseits aber bietet diese Eifersucht keine Gewähr dafür, dass unter der Verfassungsform der Aristokratie die Volkssouveränität nicht auch Gefahr laufe, einzurosten und zu verkümmern. Namentlich wirkt auch hier wie in der Monarchie das Bestreben, die Zeitdauer der Mandate möglichst auszudehnen, ja sogar sie ganz von der Beschränkung auf Zeit abzulösen, indem man sie erblich macht. Das Patriziat, das auf diese Weise entsteht, wird. ebenso eifrig bedacht sein, den Volkswillen nicht zu Worte kommen zu lassen, wie nur irgendein Monarch, und wird ebenso eifersüchtig darauf. sehen, als der rechtmäßige Souverän zu erscheinen, wie irgendein erblicher König. Die Demokratie endlich gibt zwar die beste Garantie dafür, dass der Ursprung ihrer Gewalt, der Gesamtwille, nicht vergessen wird, zeigt aber die größte Schwerfälligkeit und Unbehilflichkeit in ihren administrativen Maßregeln und wird am meisten in Gefahr sein, tatkräftigen äußeren Gegnern eine hilflose Beute zu werden. Aus Bequemlichkeit scheuen die Bürger die Zeit und Mühe, welche die bei einer solchen Verfassung unvermeidlichen häufigen Versammlungen mit sich bringen, und damit ist die Gefahr der Zufallsmajoritäten und ungerechten administrativen Maßregeln gegeben.

Es hätte nun ein sehr einfaches Mittel gegeben, diese Schwierigkeit zu beseitigen, nämlich die Einführung der Repräsentativverfassung, wie sie damals in England bestand und heute in fast allen Verfassungsstaaten eingeführt ist. Aber für Rousseau erwies sich dieser Ausweg als ungangbar. Nicht nur deshalb, weil in den antiken Republiken, auf welche die Lektüre der klassischen Autoren sein Augenmerk besonders gerichtet hatte, die Versammlung der Vollbürger die Regel ist, sondern auch, weil begriffliche Schwierigkeiten der Ausführung des Gedankens einer Repräsentativverfassung entgegenstanden. Wird ein solcher Ausschuss mit gesetzgeberischer Macht ausgestattet, so ist es klar, dass er damit an die Stelle des Souveräns tritt und dass der Souverän sich selber abdankt, indem er zur Wahl dieses Ausschusses schreitet. „Das englische Volk ist frei nur im Moment der Parlamentswahlen"; sind diese geschehen, so ist es der Sklave des von ihm gewählten Parlaments. Wenn Rousseau hier namentlich auf die Gefahr aufmerksam macht, dass sich die Parlamentsmitglieder vom Herrscher (der Exekutive) bestechen lassen würden, so hatte er zu dieser Besorgnis im Hinblick auf die damals bestehenden Zustände in England guten Grund, denn hier waren ja die parlamentarischen Bestechungen zum kunstvollen System ausgebildet worden. Es kann aber in diesem Einwurf ein triftiger Einwand gegen parlamentarische Vertretungen nicht gesehen werden, weil diese Übelstände ihre, Ursache in den eigenartigen englischen Verhältnissen hatten und auch hier nur vorübergehend aufgetreten sind. Wichtiger ist der Hinweis darauf, dass die Einrichtung eines Parlaments notwendigerweise die Bildung politischer Parteien erzeugt oder doch befördert, und in der Existenz solcher Parteien sieht Rousseau die schwerste Gefahr für seinen Rechtsstaat. Unter der Parteiherrschaft kommt eben die Meinung der Staatsbürger nicht mehr zur Geltung; nicht sie sind eigentlich souverän, sondern die Partei hat sich zwischen den einzelnen Bürger und die den Bürgern zustehende souveräne Gewalt geschoben. So sind es denn auch die in dem Staatsvertrag gar nicht erwähnten politischen Parteien, die eigentlich regieren.

Sollte sich nun aber doch die Einsetzung einer Repräsentativverfassung als unumgänglich erweisen, so ist es notwendig, den Gefahren, die mit einer solchen Verfassung verbunden sind, möglichst vorzubeugen. Selbstverständlich ist, dass die Volksvertretung. nur auf Zeit gewählt werden darf und dass nach Ablauf dieser Zeit ihr Mandat von selber erlischt. Zu empfehlen ist die möglichste Verkürzung der Dauer der Legislaturperioden, damit auf diese Weise die Volksvertreter in steter Abhängigkeit vom Souverän gehalten werden.

Diese durchaus notwendige Abhängigkeit denkt nun aber Rousseau durch zwei weitere Maßregeln noch zu verstärken. Für alle wichtigen Gesetze, die in Aussicht stehen, soll der Volksvertreter bestimmte, ihn rechtlich bindende Weisungen, von seinen Wählern erhalten (imperative Mandate), welche ihn im Voraus für seine Abstimmung festlegen, und ebenso sollen alle wichtigen Maßregeln, welche das Parlament beschlossen hat, bevor sie Gesetzeskraft erlangen, nochmals der Urversammlung zur Verwerfung oder Annahme vorgelegt werden (Referendum). Aus diesen vorsichtigen und zögernden Bestimmungen ersieht man vielleicht am besten, mit welchen Befürchtungen Rousseau dem Gedanken des modernen Parlamentarismus gegenüberstand.

Steht das ganze Wohl des Rechtsstaates auf einer einzigen Karte, der richtigen Beschaffenheit der Urversammlung, in welcher alle Bürger vertreten sind, so ist es nicht zu verwundern, dass Rousseau kein Mittel unversucht lassen wollte, um in jedem Bürger ein taugliches und förderliches Mitglied des Staates zu gewinnen. Er glaubte nicht, dass das wohlverstandene Interesse des einzelnen, die Überzeugung, dass sein Leben, sein Eigentum, seine Freiheit nur im Staate gesichert seien, genügten, um ihn unter allen Umständen zu einem guten und zuverlässigen Staatsbürger zu machen. Rousseau glaubte für diesen Zweck die höchste und erhabenste Sanktion unseres Handelns, den religiösen Glauben, nicht entbehren zu können. Doch ist der Staat nicht berechtigt, die Zugehörigkeit zu einem bestimmten theologischen Lehrsystem von seinen Bürgern zu verlangen, denn wie die Erfahrung zeigt, ist die Gesinnung eines guten Bürgers mit der Zugehörigkeit zu allen nur denkbaren historischen Religionen wohl verträglich. Aber es gibt drei fundamentale Überzeugungen, deren Fehlen nach Rousseau auch die Zuverlässigkeit des Menschen in seinen bürgerlichen Beziehungen in Frage stellt. Das Bekenntnis zum Dasein Gottes, der Fortdauer der Seele nach dem Tode und der Belohnung und Bestrafung im Jenseits muss von jedem Bürger staatlich verlangt und gefordert werden. Denn ohne die Überzeugung, dass ein höchstes Wesen meine Handlungen kennt und richtet, ohne die Überzeugung, dass meine Seele auch nach dem Tode fortdauern wird und alsdann nicht mehr von allen ungerechten Taten, durch die ich in diesem irdischen Leben mir Macht und Ansehen errungen habe, einen Vorteil erwarten kann, ohne endlich die Überzeugung, dass mein rechtliches oder unrechtliches Verhalten in diesem Leben bestimmend für das Schicksal meiner Seele nach dem Tode ist, kann auf eine dauernde bürgerliche Gesinnung gegenüber den mannigfaltigen Versuchungen, die an die Selbstsucht des Menschen herantreten, niemals mit Sicherheit gerechnet werden. In dem damals viel verhandelten Streit, ob ein Atheist ein tugendhafter Mensch sein könne, stellt sich Rousseau durchaus auf die Seite der theologischen Leugner dieser Möglichkeit. Er geht sogar so weit, dass er gegen diejenigen, welche in Worten oder Taten bekunden, dass sie nicht mehr auf dem Boden dieses durch den Staat geforderten Bekenntnisses stehen, die schwersten rechtlichen Strafen, ja den Tod verhängen will. Es schmeckt etwas nach Jesuitismus, wenn er sich dagegen verwahrt, dass damit ein Gewissenszwang ausgeübt werden solle, indem der Atheist oder der Materialist nicht wegen ihrer religiösen Irrtümer, sondern wegen ihrer Eigenschaft als schlechte Bürger bestraft würden, eine subtile Distinktion, ähnlich der, welche es der Inquisition zwar verbietet, das Blut der Ketzer zu vergießen, es ihr aber erlaubt, die Schuldigen der weltlichen Macht zur gefälligen Verbrennung zu überweisen.

Rousseau war indes weit entfernt, den Beifall der theologischen Gegner des Atheismus ohne jeden Rückhalt für sich in Anspruch nehmen zu können. Denn mit derselben Entschiedenheit, mit der er die Atheisten bekämpft, sucht er auch die Unmöglichkeit nachzuweisen, das Christentum zur Staatsreligion zu erheben. Ja, von allen geoffenbarten Religionen eignet sich hierzu das Christentum vielleicht am wenigsten. Gerade, weil das Christentum bestimmte religiöse Grundwahrheiten am eindringlichsten predigt, muss es in seinen Bekennern eine gewisse Gleichgültigkeit gegen alles Irdische, besonders gegen die Rechtsordnungen des Staates erzeugen. Der wahre Christ hat seine Augen nicht auf das Diesseits, sondern auf das Jenseits gerichtet, er braucht keine Rechtsordnung, um die ihm zugefügten Beleidigungen zu bestrafen, sondern er verzeiht das ihm zugefügte Unrecht gern und vergilt es mit Wohltaten. Er kann die Feinde der bürgerlichen Ordnung nicht hassen, seine Religion befiehlt ihm, sie zu lieben und sie zu bemitleiden. Nicht aus Achtung vor dem Gesamtwillen wird er sich den Gesetzen unterwerfen, sondern er wird ihnen Folge leisten, weil der Christ dem Kaiser geben muss, was des Kaisers ist. So wird der wahre Christ zwar kein schlechter Bürger sein, und deshalb hat der Staat die Verpflichtung, sein Bekenntnis zu achten, aber der wahre Bürgersinn, der den Staat liebt, wird ihm fernbleiben, und daher ist das Christentum zur Staatsreligion ungeeignet. Wenn es doch den Anschein hat, als ob ein christlicher Staat möglich sei, so ist die einfache Ursache hierfür, dass es sehr wenige wahre Christen gibt.

Das Ideal einer staatlichen Gemeinschaft ist für Rousseau die kleine Bauernrepublik, die durch Sitte und religiöse Überzeugung zusammengehalten, die gemeinsamen Angelegenheiten in regelmäßigen Tagsatzungen ordnet. Eine annähernde Verwirklichung dieses Ideals boten ihm die kleinen Urkantone der Schweiz mit ihrem Fehlen einer hauptstädtischen Bevölkerung und ihrem zähen Festhalten an den überkommenen Rechten und Freiheiten. Gern nahm er den großen Vorteilen gegenüber, welche solch ein kleines Staatswesen für die Teilnahme jedes einzelnen am staatlichen Leben eröffnet, die Nachteile in den Kauf, welche mit der Kleinheit solcher Verbände gegeben waren, und er suchte diesen Nachteilen dadurch zu begegnen, dass er die Möglichkeit föderativer Verbände zwischen diesen kleinen Republiken ins Auge fasste. Es ist zu bedauern, dass er diese Gedanken, die er im *Contrat social* nur andeutet, nicht weiter ausgeführt hat, die spätere Bearbeitung, auf die er verweist, ist unterblieben. In der Eidgenossenschaft, sowie in den antiken Symmachien konnte er Vorbilder für die Gestaltung dieses Gedankens finden. Überhaupt sind selbstverständlich die rechtsphilosophischen Gedanken Rousseaus nicht ohne Beobachtung und reichhaltige Benutzung historischer Staatenbildungen entstanden. Seine Schilderung der Aristokratie und ihrer Entartung weist zum großen Teil auf die Zustände Venedigs hin, die Rousseau aus eigener Anschauung kennen gelernt hatte. Seine Bewunderung für Sparta und das republikanische Rom tritt an vielen Stellen des *Contrat social* deutlich genug hervor, und wenn auch seine Kenntnis Spartas mehr auf den rhetorischen Schilderungen Plutarchs, denn auf Kenntnis der tatsächlichen Verhältnisse beruht, so haben sie deshalb nicht weniger auf das Gefühl Rousseaus für bürgerliche Freiheit und Gleichheit gewirkt. Den größten Einfluss aber hat auf Rousseau das Beispiel seiner geliebten Vaterstadt Genf gehabt. Die Verfassung dieser seiner Heimatstadt hat er gründlich studiert, sein Eingreifen in den Verfassungskonflikt, der in seiner Heimatstadt ausbrach, verdient als eine Anwendung seiner Theorien auf den konkreten Fall unsere Aufmerksamkeit.

Hier in Genf war ja, wie es Rousseau schien, gerade der Fall eingetreten, den er in seinem *Contrat social* konstruiert hatte. Eine Aristokratie, die ursprünglich ihre Amtsbefugnisse von der Gesamtheit der Bürgerschaft empfangen hatte, war mit kluger Vorsicht bemüht gewesen, sich allmählich in den Vollbesitz der Macht zu setzen, und die Bürgerschaft auf die Stufe von Untertanen herabzudrücken. Der Zufall wollte es, dass ein besonders eklatanter Fall des eigenmächtigen Vorgehens der Regierung die Verfolgung bildete, welche sie aus Anlass des Emile über Rousseau verhängte. Es unterliegt wohl heute keinem Zweifel, dass die Regierung in keiner Weise berechtigt war, ohne Rousseau zu hören, die Verbrennung seiner Schrift anzuordnen und ihm den Aufenthalt in seiner Heimatstadt zu verbieten. Da Rousseau in der Bürgerschaft einen, wenn auch nicht großen; so doch eifrigen Anhang hatte, so wurde die Rechtmäßigkeit des Verfahrens der Regierung in Frage gezogen, und der Streit entwickelte sich bald zu einem Verfassungskonflikt, der leicht. durch die Einmischung Savoyens und Frankreichs die Existenz der kleinen Republik hätte gefährden können. Es war nicht der ihn persönlich betreffende Ausgangspunkt des Streites, der Rousseau veranlasste, mit seinen berühmten Lettres de la Montagne auf dem Kampfplatz zu erscheinen. Freilich lag es ihm daran, das gegen ihn beliebte Verfahren der Regierung als ungesetzlich zu kennzeichnen, aber von vornherein kam es ihm nicht auf eine Genugtuung an, die sein privates Unrecht gut machen sollte, sondern das öffentliche Interesse war es, das ihn bewegte. Das gute Recht der Gesamtbürgerschaft gegenüber der Aristokratie wollte er hergestellt wissen, und mit einer staunenswerten Beherrschung des historischen Details suchte er die Souveränität der Gesamtbürgerschaft nicht nur als Forderung der Vernunft, sondern auch als verfassungsmäßig zu Recht bestehend nachzuweisen. Ebenso wenig aber, wie er in Bezug auf seine eigene Unbill auf dem doktrinären Standpunkt des fiat justitia et pereat mundus stand, wollte er auch in Bezug auf die Verfassungsfrage die Dinge auf die Spitze treiben, und immer wieder rät er seinen Anhängern angesichts der verzweifelten Lage des Staates, jeden nur möglichen Kompromiss mit der Gegenpartei einem offenen Kampfe vorzuziehen. Wahrscheinlich ist es diesem klugen und selbstlosen Verhalten Rousseaus zuzuschreiben, dass durch einen Ausgleich zwischen Volk und Regierung, welcher übrigens die prinzipielle Souveränität des Volkes ausdrücklich anerkannte, der Streit beendet und dem kleinen Staatswesen seine Existenz erhalten wurde. Interessant ist es, zu sehen, wie Rousseau, den man sicher zum Teil mit Recht als den geistigen Vater der Schreckensherrschaft während der Revolution betrachtet, sich anlässlich dieses Streites über eine gewaltsame Umwälzung zugunsten der Wiederherstellung der Volkssouveränität ausspricht. So klar für ihn die Rechtslage auch ist, so überzeugt er davon ist, dass die Gewalt, welche sich die jetzige Regierung anmaßt, eine ungesetzliche ist, so ist er doch weit davon entfernt, selbst von einer glücklichen Revolution das Heil für den Staat zu erhoffen. Auch das Blut eines einzigen Bürgers würde ein zu hoher Preis für den Sieg des Rechtes sein. Wenn der Staatskörper noch im Wesentlichen gesund ist, wenn der feste bürgerliche Sinn für Freiheit noch nicht erloschen ist, so genügen die Mittel gesetzlicher Opposition vollständig, um die ungerechten Machthaber zum Verzicht auf ihre angemaßte Gewalt zu bringen. Wo aber diese Voraussetzungen nicht mehr vorhanden sind; da nützt auch die gewaltsame Wiederherstellung des früheren Zustandes nichts, denn dieser war berechnet auf den Bürgersinn der Vertragsgenossen und kann ohne ihn nur ein Scheindasein führen. So ist es zuletzt doch die innere Freiheit des Einzelnen, welche die Freiheit des staatlichen Lebens stützt, trägt und erhält. Noch bei zwei weiteren Gelegenheiten wurde Rousseau zur Teilnahme an praktischen politischen Fragen aufgefordert, und wenn es ihm auch nicht vergönnt war, mit seinen Vorschlägen zu einer Verfassung für Korsika und Polen, die er auf den Wunsch patriotischer Männer dieser Länder unternahm, denselben Erfolg zu erzielen wie bei seinem Eingreifen in die Genfer Wirren, so zeigen doch beide Entwürfe so interessante Einzelheiten, dass sie hier noch kurz erwähnt werden mögen. Der Heldenkampf der Korsen gegen ihre genuesischen Bedrücker hatte Rousseaus ganzes Interesse erregt. Die Aufforderung, die an ihn erging, für das befreite Land eine Verfassung zu entwerfen, war ihm höchst willkommen. Denn ihre Liebe zur Freiheit, die wesentliche Voraussetzung eines Rechtsstaates, hatten die Korsen ja zur Genüge bewiesen, und ihre kräftigen Bauern und Hirten, das Fehlen aller großen Städte, die Einfachheit der Lebenshaltung ließen erhoffen, dass freiheitliche Institutionen, einmal eingeführt, sich auch erhalten würden. Ganz charakteristisch ist nun in Rousseaus Entwurf sein stetes Bemühen, das Entstehen größerer Städte und Hafenplätze und namentlich das Aufkommen einer Hauptstadt des Landes zu verhüten. Er geht hierin sogar so weit, dass er den Sitz der Regierung nicht an einen bestimmten Ort festlegen, sondern nach einem festen Turnus in die verschiedenen Distrikte verlegt wissen will. Wie abschreckend für ihn das Beispiel von Paris gewesen war, das damals wie heute alle geistigen und materiellen Kräfte des Landes in sich zu zentralisieren und seine augenblicklichen Stimmungen für das ganze Land maßgebend zu machen wusste, das sehen wir zur Genüge aus dem Eifer, mit dem Rousseau die Korsen vor einem ähnlichen Schicksal zu bewahren suchte.

Höchst merkwürdig ist nun auch der Entwurf einer Verfassung für die Adelsrepublik Polen, welche den Versuch machen sollte, die dort herrschende verfassungsmäßige Anarchie des *liberum veto*, welche Polen an den Rand des Abgrundes geführt hatte, durch geordnete Zustände zu ersetzen. Uns interessiert hier namentlich die leidenschaftliche Weise, in der Rousseau für die Stärkung und rücksichtslose Entfaltung des polnischen Nationalgefühls, ja des nationalen Hochmuts eintritt. Von früh auf soll der Knabe durch Eltern und Erzieher darauf hingewiesen werden, dass es eine Ehre und ein Glück ist, als Pole geboren zu sein, und dass er sich dieses Glückes als würdig zu erweisen habe. Kunde von fremden Ländern und Völkern soll er nur haben, um daraus zu lernen, wieviel besser und herrlicher das eigene Vaterland ist. Schon durch seine Tracht soll er sich so kenntlich wie möglich von den übrigen Völkern absondern. Vor allem aber schärft Rousseau den Polen die Liebe zu ihrer Muttersprache ein. Diese sich zu erhalten, ist die erste Pflicht eines jeden Polen; solange die nationale Sprache lebt, ist die nationale Existenz nicht zerstört. Auf diese Ausführungen hinzuweisen, hat schon deshalb Interesse, weil man häufig Rousseau als reinen Kosmopoliten darzustellen liebt. Daran ist so viel richtig, dass Rousseau in jedem Menschen die Anlage zur Freiheit geachtet wissen wollte, dass er keine geborenen Sklaven kannte und alles, was Menschenantlitz trägt, auch mit denselben unveräußerlichen Rechten ausgestattet sich dachte. Aber es war ihm unmöglich, ein Gemeinwesen sich anders vorzustellen, denn auf nationaler Grundlage. Durch Sprache, durch Sitte, durch Anhänglichkeit an die heimische Scholle, durch gemeinsame Hoffnungen auf ein Jenseits. sollten seine Bürger geeint sein, um in den gemeinsamen Gesetzen den Ausdruck des eigenen Wollens wiederfinden zu können. Die Bauernrepublik, die sich frei von den Verführungen großer Städte, dem Sirenengesang der Kultur, hält, das ist der Boden, auf welchem Rousseau wie einst der greise Plato allein für die Verwirklichung seines Ideals eine irdische Stätte finden zu können glaubt.

Wir haben zu zeigen versucht, dass Rousseau in seinem *Contrat social* den Begriff einer neuen Wissenschaft, der Rechtsphilosophie aufgestellt hat. Die Grundsätze des natürlichen Rechtes, die er aufstellt, sind nicht der rekonstruierte Rechtskodex, der in einem Naturzustand einmal gegolten hat, sie sind die Normen, an denen jedes geltende Recht gemessen werden soll, um seinen Anspruch, auch richtiges Recht zu sein, nach dem Erfolg dieser Prüfung bestimmen zu können. Es ist ganz richtig und hängt mit dem geschichtsphilosophischen Pessimismus Rousseaus zusammen, dass er glaubte, der Weg der Kultur mache die Menschen immer unfähiger dazu, diese Normen zu den wirklichen Grundlagen ihrer staatlichen Gemeinschaft zu machen. Aber für die Rechtsphilosophie ist diese Privatmeinung Rousseaus gänzlich irrelevant. Mag ich das Menschengeschlecht dauernd in der Richtung auf das Schlechtere entwickeln, oder mag es sich zeigen, dass die Kurve seiner Entwicklung eine aufsteigende ist: die Normen der Beurteilung für das geltende Recht bleiben davon ganz unberührt. Mit Recht hat Fester darauf hingewiesen, wie doch erst durch die Arbeit Rousseaus der entwicklungstheoretische Optimismus der deutschen Geschichtsphilosophie möglich wurde, und durch diese Umbildung konnte nun auch dies Naturrecht Rousseaus in eine neue Beleuchtung treten. Es wurden die Grundsätze des Naturrechts aus Beurteilungsnormen für das bestehende Recht zu idealen Vorbildern für neu zu schaffendes Recht. Auch hierfür waren die Ansätze schon bei Rousseau vorhanden; namentlich in seinen Verfassungsentwürfen hatte er Beispiele davon gegeben; wie man einen bestehenden historischen Gesellschaftsverband zur möglichsten Annäherung an das Vernunftideal des Rechtes führen könne. Danach stellt sich jede gesetzgeberische Tätigkeit als ein Kompromiss zwischen der augenblicklichen historischen Lage und den sich ewig gleichbleibenden Förderungen der Vernunft dar. Aber eine Norm zur Beurteilung des historischen Rechtes braucht auch jeder Rechtshistoriker, der sich nicht bloß darauf beschränkt, zu registrieren, dass diese oder jene Bestimmung zu dieser oder jener Zeit geltendes Recht gewesen sei; geht er dazu über, die Entwicklung des Rechtes zu schildern, so braucht er die Beziehung auf Werte, um die Kurve dieser Entwicklung zeichnen zu können. Ja, es muss ihm, wenn er auf die Rechtsphilosophie Verzicht leistet, überhaupt unverständlich sein, wie eine solche Entwicklung stattfinden konnte. Savigny, der seiner Zeit den Beruf zur Rechtsbildung absprach, hätte konsequenterweise noch viel weiter gehen müssen. Er hätte es unverständlich finden müssen, wie zu irgendeiner Zeit aus schlechterem Recht besseres sich bilden konnte. Dass er diese Konsequenz nicht zog, hatte seine Ursache darin, dass er nicht nur Rechtshistoriker, sondern auch Rechtsphilosoph war. Für ihn war eine einzelne unter den verschiedenen historischen Rechtsgestaltungen, das römische Recht, zu gleicher Zeit auch das absolute und vernünftige Recht. Nach der Gestalt, welche die Begriffsbildung in diesem System erhalten hatte, maß er – bewusst oder unbewusst – die Rechtssysteme der anderen Zeiten und Völker. Beurteilungen dieser Art kommen in jeder rechtshistorischen Untersuchung vor, und sie bleiben Beurteilungen, auch wenn sie naiv vollzogen werden. Das Verdienst Rousseaus ist es aber, hier eine echt philosophische Tat vollbracht zu haben, indem er das bisher Selbstverständliche zum Problem machte, diese naiven Beurteilungen vor die Existenzfrage stellte und sie als berechtigt nur dann anerkennen wollte, wenn sie ihren Zusammenhang mit den letzten allgemeinsten Wertgesichtspunkten für die Beurteilung des Rechtes überhaupt nachzuweisen in der Lage waren.

Viertes Kapitel

ERZIEHUNGSLEHRE

Fast gleichzeitig mit dem *Contrat social* erschien Rousseaus Erziehungsroman Emile. Verschieden wie das Thema der beiden Bücher war auch ihr äußerer Erfolg und die Rückwirkung, die sie auf die Gestaltung der Lebensschicksale Rousseaus hatten. Der Erfolg des *Contrat social* blieb weit hinter dem leidenschaftlichen Interesse zurück, das die Geschichtsphilosophie erregt hatte. Er hätte kein anderes Schicksal gehabt, auch wenn Rousseau den methodologischen Fehler der Vermengung historischer und normativer Gesichtspunkte vermieden hätte. Die eigentliche Bedeutung des *Contrat social* trat erst nach dem Tode des Autors hervor, als eine neue Generation heranwuchs, die gelernt hatte, die Dinge nach Rousseauschen Prinzipien zu beurteilen. Vielleicht lässt es sich aus der für den Augenblick relativ geringen Wirkung des Buches erklären, dass die Verfolgung, die sich von Seiten der kirchlichen und staatlichen Behörden auf Rousseau richtete, das eigentlich „revolutionäre" Buch, den *Contrat social* nur in zweiter Linie traf. Auch war es nicht der ganze Inhalt des Emile, welcher dieses Einschreiten der Autoritäten gegen Rousseau veranlasste, sondern hauptsächlich war das Glaubensbekenntnis des savoyischen Vikars, das die Religionsphilosophie Rousseaus enthält, die Ursache dieser Stellungnahme, in welche dann der *Contrat social* mehr der Vollständigkeit halber mit hineingezogen wurde. Dem Erfolg des Emile aber konnten diese Angriffe nicht schaden. In Frankreich und fast noch mehr in Deutschland wurde es mit Enthusiasmus aufgenommen. Wie mächtig es hier auf die Gemüter wirkte, mag die Tatsache zeigen, dass im fernen Königsberg der pünktliche Magister Kant, in die Lektüre des Buches vertieft, es vergaß, seinen gewohnten Nachmittagsspaziergang zu machen.

Man hat es lächerlich finden wollen, dass Rousseau, der als Hauslehrer keinen nennenswerten Erfolg gehabt hatte, der seine Kinder dem Findelhaus überließ, ein Buch über Erziehung zu schreiben unternahm. Dass solchen Ausstellungen eine Verwechslung von Theorie und Praxis zugrunde liegt, ist deutlich. Rousseau wüsste selber sehr wohl, dass er zum praktischen Pädagogen nicht geboren sei, und er hat in der Schilderung der Eigenschaften, die ein wahrer Erzieher haben müsse, kenntlich genug auch diejenigen hervorgehoben, von denen er wusste, dass sie ihm mangelten. Namentlich war es ihm sehr deutlich, dass er niemals die gleichmäßige Ruhe und das Freisein von aller Empfindlichkeit erreichen würde, welche er mit Recht für eine unerlässliche Eigenschaft des Pädagogen ansah. Ernster zu nehmen ist ein anderer Einwurf, der sich auf die. Stellung der Gesellschaftslehre Rousseaus zu. seiner Erziehungslehre bezieht. Wir haben gesehen, wie Rousseau von Anfang an die Erziehung als vom Staate geleitet und als das sicherste Mittel betrachtet, um die Zöglinge zum Patriotismus zu führen. Öffentliche gemeinsame Erziehung ist die Grundvoraussetzung dafür, dass aus den Knaben tüchtige Bürger werden. Rousseau lobt es, dass in Sparta die Kinder von früh auf der privaten Erziehung und ihren Gefahren entzogen wurden. Doch im Emile sehen wir davon nichts. Emile besucht keine Schule, er wird allein erzogen; wie stimmt das zusammen? Die Antwort ist einfach die, dass die lakedämonische Erziehung für Knaben, welche in einem freien und relativ sittenreinen Gemeinwesen aufwachsen, die beste ist. Hier aber handelt es sich nicht um Lakedämon, sondern um das Frankreich des achtzehnten Jahrhunderts. Hier soll gezeigt werden, ob und inwieweit es überhaupt möglich ist, eine junge Menschenblüte, die unter so verzweifelten Bedingungen heranwächst, vor dem Verderben zu schützen. Daher ist es ganz selbstverständlich, dass damit an Stelle der größten Publizität, welche die Erziehung da haben muss, wo überwiegend günstige Einflüsse von Seiten der menschlichen Umgebung die Kinder treffen werden, hier, wo die ganze gesellschaftliche Sphäre voll von sittlichen und intellektuellem Peststoff ist, eine strenge Isolierung des Kindes Vorbedingung für das Gelingen des Erziehungswerke ist.

Somit ist nicht nur die private Erziehung durchaus durch den Plan des Buches gefordert, sondern es ist damit auch gegeben, dass das Erziehungswerk nicht in der Stadt sich vollziehen darf. Die Städtefeindschaft Rousseaus tritt hier wieder einmal charakteristisch hervor. Will man einen Menschen, wie ihn Gott gewollt hat, sich bilden lassen, so darf er nicht in den schnöden Steinkästen heranwachsen, mit welchen die Menschen unter dem Namen der Städte sich von der Natur ausschließen, wo den Kindern Luft, Licht und Freiheit der Bewegung grausam verkümmert werden, wo ihre Anlagen oft im Keim vergiftet werden, noch ehe sie sich zur Blüte entfaltet haben. So muss denn Emile, der als Kind vornehmer Eltern gedacht ist, auf das Land hinaus und damit ist es zugleich gegeben, dass er der Obhut seiner Eltern entzogen und der Aufsicht eines Erziehers anvertraut wird, denn Rousseau findet es unmöglich, einem vornehmen Ehepaar seiner Zeit zuzumuten, dass es sich dauernd zugunsten der Erziehung der Kinder auf das Land exiliere und allen Freuden der Großstadt entsage. Um es verständlich zu finden, dass dies in der Tat für den Franzosen des achtzehnten Jahrhunderts eine Verbannung bedeutet haben würde, erinnere man sich an das ungläubige Entsetzen aller Pariser Freunde Rousseaus, als dieser tatsächlich den ganzen Winter in seiner Eremitage in Montmorency zubringen wollte. Dieser Entschluss erschien ihnen beinahe pervers und nur durch einen schlechten Charakter oder durch Geisteszerrüttung zu erklären.

So sind denn also die Eltern eliminiert und der Erzieher tritt an ihre Stelle. Was die Eltern zu tun nicht in der Lage waren, von dem Erzieher darf es verlangt werden. Seine ganze Zeit, sein ganzes Leben gehört dem Zögling, das Erziehungswerk ist sein Lebenswerk. Dass er nicht um materieller Vorteile Willen dies Werk übernimmt, ist selbstverständlich. Seine Aufgabe muss ihm Selbstzweck ein, es muss ihm stets vor Augen stehen, dass ihm etwas unendlich wertvolles und kostbares, ein Mensch, anvertraut ist, und dass dieses Vertrauens ist würdig zu erweisen, die übernommene Pflicht treulich zu erfüllen, sein größter Stolz sein werde. Vor allem aber muss er die seltene Gabe haben, sich selber auszuschalten und immer das Gefühl in sich rege zu erhalten, dass es einen Erzieher gibt, der selbst den liebevollsten und sorgfältigsten menschlichen Erzieher übertrifft: die Natur.

Dieser Begriff der negativen Erziehung scheidet vielleicht am deutlichsten die Lehre Rousseaus von der im achtzehnten Jahrhundert allgemein befolgten Praxis, die sich namentlich in den damals einflussreichen und beliebten Jesuitenschulen zu einer planmäßigen und andauernden Beeinflussung der Zöglinge durch die Lehrer ausgebildet hatte. Hier war alle Tätigkeit in den Erzieher verlegt, die Zöglinge sollten in seinen Händen wie bildsames Wachs werden, welches mit Leichtigkeit die gewünschte Form annimmt und behält. Es ist dies vielleicht das beste Mittel, die jungen Seelen zur. Aufnahme eines herrischen und komplizierten Kultursystems fähig zu machen. Dass auch unter dieser Methode große Erfolge erzielt werden können, das zeigen die Beispiele Descartes und Voltaires, welche beide ihren Lehrern ein dankbares Andenken bewahrt haben. Aber dies waren nicht die Erfolge, die Rousseau für seinen Zögling wünschte. Nicht zu einem Kulturheros wollte er seinen Emile gebildet sehen, sondern die volle Frische und Ursprünglichkeit des Naturmenschen sollte ihm nach Möglichkeit gewahrt bleiben. Daher konnte es nicht die Aufgabe des Erziehers sein, das ganze Schwergewicht einer ausgebildeten Kultur auf den Zögling wirken zu lassen, sondern vielmehr, soweit dies irgend möglich war, die Einwirkungen dieser Kultur und damit seine eigenen von Emile fernzuhalten, ihn so heranwachsen zu lassen, als ob die Menschheit den verhängnisvollen Schritt zur Kultur nicht gemacht hätte. Dass dies mitunter zu künstlichen Veranstaltungen und ausgeklügelten Situationen führen muss, dass Rousseau hier gelegentlich den Fehler selber begeht, den er gerade vermeiden wollte, an Stelle gegebener Situationen künstlich herbeigeführte zu setzen und mit Emile eine Komödie zu spielen, das ist ohne weiteres zuzugeben, beweist aber nur, wie schwierig die Anwendung eines richtigen Grundsatzes in der Praxis ist gelegentlich gestaltet.

Eng mit der Forderung, das Kind nicht zu früh in den Bannkreis der Kultur eintreten zu lassen, hängt eine andere zusammen, mit der Rousseau gleichfalls in einen bewussten Gegensatz zu den herrschenden Ansichten sich stellte. Denn dieses frühe Heranbringen komplizierter Kulturverhältnisse an die kaum erwachte Seele des Kindes konnte nur durch den Hinweis gerechtfertigt werden, dass später einmal der erwachsene Mensch doch mit diesen Verhältnissen zu rechnen, sich in ihnen zu bewegen haben würde.

Daher müsse das Kind schon möglichst früh für diese seine spätere Bestimmung herangebildet werden und es sei daher unumgänglich, dass es schon als Kind die Fähigkeiten und Kenntnisse erwerbe, welche unsere Verhältnisse von Erwachsenen fordern. Diese Lehre sah also in dem Knaben nur den zukünftigen Mann; das Kind als solches hatte keinen Eigenwert, es war nicht Selbstzweck. Deshalb scheute sie sich nicht, dem Knaben Entbehrungen und Verzichte zuzumuten, deren Frucht erst der zum Mann Herangereifte genießen konnte. Nichts konnte Rousseau verhasster sein, als diese Ansicht. Das warme Gefühl, das er für die Anmut und Eigenart des Kindes besaß, die tiefe Überzeugung von dem Wert einer jeden menschlichen Seele, seine Gewohnheit, im Augenblick zu leben und den Augenblick zum Selbstzweck zu gestalten, hinderten ihn in gleicher Weise, diese verhängnisvollen Gesichtspunkte der herrschenden Erziehungslehre zu den seinigen zu machen. Es ist nicht richtig, dass das Kind nur der kommende Mann ist. Es ist zuerst und vor allen Dingen Kind, und es hat das Recht auf eine Erziehung, welche diese Gegenwart berücksichtigt und sie nicht bloß einer fernen, vielleicht nie erreichten Zukunft opfern will. Die Jahre, die ein Kind seiner späteren Bestimmung als Mann geopfert hat, bleiben ein Opfer unter allen Umständen, auch wenn das Kind zum Mann heranwächst; es ist sicher niemals im eigentlichen Sinne Kind gewesen, es ist sicher um einen Teil seines Lebensglücks betrogen worden. Wie aber, wenn es dieses Ziel überhaupt nicht erreicht? Was sollen Eltern und Erzieher gegen die Anklagen ihres früh dahingeschiedenen Lieblings sagen, den sie um das Glück einer Kindheit betrogen haben zugunsten einer Zukunft, die ihm nie beschieden war? Aber die ganze Voraussetzung überhaupt ist in Rousseaus Augen grundfalsch. Wer nie ein richtiges Kind gewesen ist, hat auch wenig Aussicht dafür, ein richtiger Mann zu werden. Es ist klügelnde Voraussicht, das Kindesalter dem Mannesalter zu opfern und, was schlimmer, gerade durch dies Opfer wird der Zweck, um dessen Willen es dargebracht war, vereitelt.

Diese Forderung, als Selbstzweck betrachtet zu werden, diesen Anspruch auf eine naturgemäße Behandlung erhebt das Kind bereits bei seinem Erscheinen in der Welt. Es ist die Pflicht der Mutter, das Kind, das sie geboren hat, nun auch mit der Milch, welche die Natur ihr zu diesem Zweck gab, zu ernähren. Der flammende Protest Rousseaus gegen die Ammenwirtschaft, welche damals und auch heute noch die Mütter ihrer natürlichen Pflichten zugunsten künstlicher, gesellschaftlicher Verpflichtungen entledigte, hatte einen großen Erfolg, aber dieser Erfolg zeigt deutlich, wie berechtigt das Misstrauen Rousseaus gegen die Verwirklichung seiner Reformgedanken innerhalb der jetzigen Kulturbedingungen war. Wenn die jungen Mütter nach dem Erscheinen des Emile ihren Stolz darein setzten, ihre Kinder selber zu stillen, so war dies nur löblich; wenn sie aber diese heilige Pflicht in der Pause zwischen zwei Tänzen, selber erhitzt, und in staubigen und heißen Sälen erfüllten, so war Rousseau berechtigt, eine solche Handlungsweise nicht als eine adäquate Verwirklichung seiner Pläne zu betrachten. Einen erfolgreicheren Kampf hat Rousseau gegen die Gewohnheit geführt, die Kinder in Steckkissen einzuschnüren und ihnen dadurch den freien Gebrauch ihrer Glieder nach Möglichkeit zu erschweren; die Bewegung zur Abschaffung dieser hässlichen, schmutzigen und unhygienischen Sitte knüpft direkt an das Erscheinen von Rousseaus Emile an.

Bei dem Wort „Erziehung" denkt man leicht nur an die Entfaltung und Ausbildung der seelischen Anlagen des Kindes. Zwar geben wir auch die Notwendigkeit einer Erziehung des Körpers bereitwillig zu, und hierin liegt gegenüber dem achtzehnten Jahrhundert ein quantitativer Fortschritt, aber noch lange nicht ist in dieser Hinsicht alles erreicht, was Rousseau für die Erziehung des Kindes gefordert hat. Ja, diese ganze Trennung in eine Erziehung des Körpers und der Seele ist nicht nach Rousseaus Geschmack. Mögen wir aus wissenschaftlichen Gründen noch so sehr berechtigt sein, beide Gebiete voneinander zu sondern, so dürfen wir darüber doch niemals vergessen, dass beim wirklichen Menschen Körper und Seele eine Einheit bilden, und dass es ganz unmöglich ist, die Seele zu bilden, ohne dass die körperliche Erziehung damit Hand in Hand ginge. Ja, in der ersten Zeit wird sich das Verhältnis geradezu umkehren. Hier muss viel von körperlicher Pflege und Ausbildung der körperlichen Anlagen gesprochen werden, denn in dieser Zeit handelt es sich darum, dass der gesunde Körper, die Vorbedingung für die gesunde Seele, sich bilde, dass die Anlagen, welche die Natur dem Menschen ins Leben mitgegeben, nicht durch törichte Verbildung verkümmern, oder durch ebenso törichte Überhastung zur Unzeit und krankhaft entwickelt werden. So lasse man denn das Kind kriechen, solange es kriechen mag. Man mute seinen schwachen Beinen nicht zu, die Last des Körpers zu tragen, sondern man warte ruhig ab, bis das Kind von selber sich aufrichtet und geht. Auch behüte man es nicht allzu ängstlich vor dem Fallen. Die Erfahrung zeigt, dass die Kinder hierbei äußerst selten Schaden erleiden, und wenn sich das Kind selber daran gewöhnt hat, nicht zu fallen, so ist dies wertvoller, als wenn ihm eine vorsorgliche Kinderfrau jeden Fall erspart hätte. Vor allem aber trete man der natürlichen Neigung des Kindes zum Spielen nicht entgegen. Alles, was das Kind in dieser Zeit zu lernen hat, ist, dass es spielen lerne, und der beste Lehrmeister hierfür ist wieder das Kind selber. Da dem Kinde alles Spielzeug ist, da seine noch ungeschwächte

Phantasie aus allem alles zu machen versteht, so ist es töricht, durch teure Spielsachen diese Phantasietätigkeit des Kindes eindämmen zu wollen. Das Kind hat durchaus recht, wenn ihm nach kurzer Zeit. solche Dinge lästig und langweilig werden. Soviel als möglich lasse man das Kind in der freien Natur herumtoben, im Laufen, Springen bildet sich seine Kraft und sein Augenmaß, es bedarf keines Bilderbuches, in dem es stillesitzend herumblättern müsste, sein Bilderbuch ist die Natur und sie zeigt Emile täglich tausend neue Gegenstände. Aber sie nimmt auch immer aufs Neue die Neugierde des Knaben in Anspruch, er will die Gegenstände nicht nur sehen, er will sie auch kennen, sie benennen. Diesem Wunsch hat der Lehrer entgegenzukommen, denn er ist berechtigt und liegt in der Natur des Menschen. Durch die Sprache knüpft sich das erste geistige Band zwischen dem Erzieher und Emile, aber gerade hier wird weise Vorsicht jeden Schritt des Lehrers leiten müssen. Emile darf kein Wort hören, mit dem er keine Vorstellungen verbinden kann. Wenn der Lehrer von dieser Regel abgeht, wenn er ihn daran gewöhnt, unverstandene Worte zu hören und sie nachzuplappern, so wird er zum schlimmsten Feinde der jungen Seele, deren Wohl er zu fördern unternommen hatte. Nach Möglichkeit sollen alle Fragen beantwortet werden, die das Kind über Gesehenes und Gehörtes zu stellen für gut findet. Nichts ist hier übler angebracht als Bequemlichkeit des Lehrers, unter dem heuchlerischen Vorgeben, die Neugierde oder den Fürwitz des Kindes in Schranken halten zu wollen. Daraus folgt freilich, dass niemals mit dem Kinde Gespräche geführt werden dürfen, die seine auf dieser Stufe noch ganz an das Sinnliche. gebundene Auffassungsgabe prinzipiell übersteigen. Selbstverständlich ist damit gegeben, dass jede Unterweisung im Lesen und Schreiben für diese erste Periode abgelehnt wird. Um sich in der Außenwelt zu orientieren, um ein Verhältnis zu den Dingen zu bekommen und sie kennen zu lernen, bedarf das Kind, das naturgemäß in der Natur aufwächst, keiner Bücher. Das Schreiben muss ihm vollends als eine ganz sinn- und zwecklose Tätigkeit erscheinen; wenn Emile sich äußern will, so hat er dazu die Sprache Ist der Mensch, mit dem er sprechen will, entfernt, so läuft er zu ihm hin oder ruft ihn. Endlich um sein Gedächtnis zu stärken, braucht er keine Schriftzeichen, weil sein geistiges Eigentum erlebt. und angeeignet ist, und daher nicht durch künstliche Mittel erhalten zu werden braucht.

Eine wichtige Rolle spielt in der herkömmlichen Pädagogik die Erziehung des Kindes zur Liebe und zum Gehorsam gegen den Erzieher. Rousseau hält Versuche dieser Art für nutzlos und gefährlich. Allerdings soll schon der Knabe sich einer Gewalt gegenüber fühlen, die er einfach anzuerkennen und zu respektieren hat; aber diese Gewalt soll nicht der Wille des Erziehers, sondern die Natur der Dinge sein. Denn an diese bleibt der Mensch sein ganzes Leben hindurch gebunden, es ist daher sowohl in Hinsicht auf die Gegenwart wie auf die Zukunft für Emile von der höchsten Wichtigkeit, dass er dies Grenze seines Willens so früh als möglich anerkennen lerne. Aber was für einen Vorteil brächte es ihm, wenn er lernen würde, den für ihn unverständlichen Geboten seines Erziehers blind zu gehorchen? So muss denn auch hier der Erzieher alles daransetzen, eine negative Erziehung walten zu lassen. Er muss selbst nach Möglichkeit aus dem Spiel bleiben und den natürlichen Verlauf der Dinge die Rolle des Erziehers übernehmen lassen. Es nützt gar nichts, dem Kinde Näschereien zu verbieten; man wird es dadurch sicher nur gierig, vielleicht zum Diebe machen. Aber wenn die durch Unmäßigkeit verursachten Folgen eintreten, welche bei einem gesunden Kinde niemals lebensgefährlich sein werden, so lasse man dem kleinen Patienten keinen Zweifel darüber, dass es seine eigenen Handlungen gewesen sind, welche sein Übelbefinden, die bittere Medizin, die Langeweile des Krankenlagers, mit Notwendigkeit hervorgebracht haben. Und so sorge der Erzieher dafür, dass möglichst immer die Natur und nicht er als der strafende Lehrmeister auftrete.

Ebenso sinnlos ist es, das Kind zur Liebe und zur Verehrung erziehen zu wollen. Wir haben gesehen, wie Rousseau den Selbsterhaltungstrieb als das einzige seelische Motiv für die Handlungen des Naturmenschen ansieht, und die sozialen Gefühle erst auf einer späteren Stufe der Entwicklung hervortreten lässt. Der moderne Gedanke der Wiederholung der Phylogenese in der Ontogenese ist, obwohl mehr angedeutet als formuliert, für Rousseaus Ansicht von der Entwicklung der geistigen Fähigkeiten im Kinde bestimmend gewesen. Es unterliegt für ihn keinem Zweifel, dass die Eigenliebe auch beim Kinde das einzige Motiv des Handelns sein kann, und dass alle die Regungen der Sympathie und der Liebe, die man bei Kindern dieses Alters antrifft, Kunstprodukte sind, welche der natürlichen Entwicklung voraneilend das Seelenleben des Kindes nur fälschen und verderben können. Im besten Falle wird es sich hier um unverstandene Nachahmung dessen handeln, was die Erzieher von dem Kinde gefordert haben; im schlimmeren, aber weitaus häufigeren, ist das zärtliche Kind ein bewusster kleiner Heuchler, der durch die Äußerungen seiner Zuneigung Vergünstigungen von Seiten der Erzieher, die nicht zu ertrotzen sind, zu erschmeicheln versucht. Hiergegen muss vor allem der Erzieher auf der Hut sein. Wir haben gesehen, dass er mit Befehlen und Verboten sparsam sein soll. Hat er aber einmal seinen Willen ausgesprochen, so muss Emile wissen, dass es sich um eine unabänderliche Sache handelt; wenn irgend möglich, wird allerdings der Erzieher ihm die Gründe, auf die sich sein Gebot stützt, einleuchtend machen, aber sollte dies einmal wegen der natürlichen Grenzen der kindlichen Fassungskraft nicht möglich sein, so wird Emile sich auch bei diesen seltenen Ausnahmen nicht auf Schmeicheln oder Bitten legen; er wird sich nicht sagen: „dies darf ich nicht", sondern: „dies ist unmöglich".

Vollends aber soll sich der Erzieher davor hüten, die göttliche Autorität zur Verstärkung der eigenen herbeizurufen. Denn auf dieser Stufe darf das Kind überhaupt noch nichts von Gott und von heiligen Dingen erfahren; es darf nicht dazu angehalten werden, Gebete an Gott zu richten; es darf dem öffentlichen Gottesdienst nicht beiwohnen. Wenn es nämlich notwendig ist, dass das Kind keine Worte braucht, für die es Vorstellungen nicht besitzt, so ist damit gesagt, dass auf dieser sinnlichen Stufe seiner Entwicklung das Wort Gott schlechterdings keine Bedeutung für das Kind zu haben vermag. Ein Gebet, das es in diesem Alter lernt, wird im günstigen Fall mechanisch hingeplappert, woraus dann dem Kinde die üble Gewohnheit entsteht, unverstandene Worte auszustoßen; im schlimmeren Falle bildet das Kind sich Vorstellungen, die den Worten entsprechen sollen, und die natürlich gemäß der geistigen Unreife in diesem Stadium der Entwicklung durchaus sinnlich, unangemessen und grotesk sind. Diese Vorstellungen aber prägen sich der weichen Seele des Kindes fast unauslöschlich ein, und sie verhindern die Bildung wahrer und würdiger Begriffe von Gott und seinen Eigenschaften, die im natürlichen Verlauf der Entwicklung sich wie von selbst einstellen würden, mitunter so erfolgreich, dass viele Menschen ihr ganzes Leben hindurch bei dem törichten Kinderaberglauben stehen bleiben, zu welchem liebende Eltern und Erzieher sie durch ihren frommen Eifer fast mit Notwendigkeit geführt haben.

So werden sich in dieser Zeit die Beziehungen Emiles zu seinen Nebenmenschen ganz auf dem Boden der Interessengemeinschaft bewegen. Der Erzieher wird ihm gegenüber keine unverstandene oder gar auf göttlicher Einsetzung beruhende Autorität beanspruchen, sondern Emile wird in ihm den stärkeren und geschickteren Gefährten seiner Spiele, den weisen Erklärer und Deuter der Dinge der Natur erblicken und wird sich daran gewöhnen, seinem Rat zu folgen, weil ihm die Erfahrung gezeigt hat, dass er im anderen Fall durch den Lauf der Dinge Schmerzen und Unannehmlichkeiten zu erwarten hat. Für den Verkehr mit den Dienstboten wird der Erzieher darauf sehen müssen, dass alle Unterwürfigkeit von der einen, Hochmut und Herrenbewusstsein von der anderen Seite fortfällt. Emile muss dazu gebracht werden, die Leistungen der Dienstboten als Gunstbezeigungen anzusehen, die er seinerseits durch Gewährung kleiner Gegendienste her-

55

vorzurufen oder zu vergelten hat. Die Dienstboten müssen dazu angewiesen werden, die Leistungen, die in einem herrischen oder unfreundlichen Ton von Emile verlangt werden, zu verweigern und ihn gelegentlich zu kleinen Hilfeleistungen für ihr eigenes Wohlsein heranzuziehen, und wenn er diese versagt, ihre eigenen Dienstleistungen einzustellen. Dadurch wird schon früh in dem Knaben eine lebendige Vorstellung von der Gegenseitigkeit der menschlichen Beziehungen erweckt; es wird ihm als selbstverständlich erscheinen, die Hilfe anderer in Anspruch zu nehmen, aber als ebenso selbstverständlich, seine eigenen Diente ihnen zur Verfügung zu stellen, um sich dadurch für künftige Fälle ihres Wohlwollens zu versichern.

So finden wir denn Emile am Schlusse dieser Epoche im Vollbesitz seiner körperlichen Fähigkeiten. Ist er vielleicht auch nicht so stark, wie mancher seiner bäuerlichen Spielgefährten, so übertrifft er sie an körperlicher Gewandtheit. Im Laufen, Springen, Schwimmen ist er unermüdlich, sein Auge ist, scharf und sicher, sein Gehör gut ausgebildet, seine Gesundheit vortrefflich und befähigt, Entbehrungen ohne Schaden zu ertragen Er weiß in der lebendigen und toten Natur Bescheid, kennt die Stimmen der Vögel und findet die Standorte der Pflanzen. Den Menschen gegenüber gibt er sich frisch und unbefangen, ohne Unterwürfigkeit und ohne Stolz, Höflichkeit ist ihm fremd, aber ebenso fern ist ihm geziertes Wesen. Wenn er viele Dinge nicht weiß, die Kinder höherer Stände in seinem Alter bereits zu kennen und zu wissen vorgeben, so ist er ihnen doch weitaus an Selbständigkeit des Urteils, gründlicher Beherrschung des ihm zugänglichen Wissens und Anschaulichkeit im Sprechen und Denken überlegen. Das, was ihm fehlt, wird er mit leichter Mühe nachholen können; das, was er vor seinen Alters- und Standesgenossen voraus hat, wird ihn auf immer zu seinem Vorteil von ihnen unterscheiden; sein größter Vorzug aber besteht darin, dass er das gewesen ist und ist, was alle Kinder sein sollten, und was die Unnatur unserer Verhältnisse nur ganz wenigen zu sein gestattet: ein wirkliches Kind.

Während in der ersten Zeit die Beziehung des Knaben zur Natur die Aufmerksamkeit des Lehrers vor allen Dingen in Anspruch nehmen musste, treten nunmehr ungefähr, mit dem Eintritt in das 12. Jahr die menschlichen Verhältnisse in den Vordergrund; sie soll jetzt Emile kennen und verstehen lernen. Zwar mit dem Gärtner, dem Bedienten und dem Erzieher selber hatte ihm ja bereits früher jeder Tag zusammengeführt; er hatte ein festes Verhältnis zu ihnen gewonnen, aber seine eigentlichen Interessen waren, wie wir gesehen, ganz auf die Natur gerichtet gewesen. Jetzt gilt es, ihm Verständnis für die mannigfachen Hantierungen der Menschen beizubringen; ihn einsehen zu lehren, welch einen Zweck und welche Bedeutung für das

Zusammenleben der Menschen diese Verrichtungen haben, und vor allen Dingen den geschickten Knaben daran zu gewöhnen, die im Verkehr mit der Natur ausgebildeten körperlichen Fertigkeiten in den Dienst einer nützlichen Tätigkeit zu stellen. Die Entscheidung über den Wert der einzelnen Handwerke soll der Knabe ganz selbständig und nach eigenem Ermessen treffen. Was der Maurer, der Schreiner, der Glaser bedeuten, wird ihm ohne weiteres einleuchten, und wenn er von seinem kindlichen Standpunkt aus den Pastetenbäcker für einen äußerst wichtigen und verehrungswürdigen Mann hält, so wird das weiter nichts schaden; ebenso wenig auch, wenn er den Nutzen und damit die Existenzberechtigung des Perückenmachers gering anschlägt und auch für die Tätigkeit des Goldschmieds wenig Verständnis zeigt. Bei den Besuchen, welche den einzelnen Handwerkern gemacht werden, indem er sie bei der Arbeit beobachtet, gewinnt Emile eine auf Anschauung beruhende Kenntnis ihrer Tätigkeit, und was das wichtigste ist, er lernt selber mit angreifen, er bekommt das Verhältnis zum Material, das den meisten Gebildeten völlig abgeht, und aus dessen Mangel all die schiefen und unklaren Vorstellungen über die Tätigkeit des Handwerkers, die dumme Verachtung der Handarbeit, welche in diesen Kreisen so häufig ist, sich genugsam erklärt. Ja, Rousseau geht noch einen Schritt weiter; sein Zögling soll nicht nur gesehen haben, wie gearbeitet wird, er soll nicht nur eine Kenntnis der Handfertigkeiten haben, welche dabei nötig sind, sondern es ist unumgänglich nötig, dass er ein Handwerk von Grund aus erlernt und es so ausüben kann, dass jeder Meister sich freuen würde, ihn als Arbeiter beschäftigen zu können. Nur das Bewusstsein, im Besitz eines erlernten Handwerkes zu sein, gibt dem Menschen allen Wechselfällen des Lebens gegenüber Sicherheit und Ruhe. Der Reichtum kann verschwinden, die bevorrechtete Stellung abgeschafft werden, der Grundbesitz von dem Gutsherrn an die Bauern zurückgefordert werden, tüchtige Handwerker wird die menschliche Gesellschaft immer brauchen. Es ist leicht erklärlich, weshalb Emile sich für das Handwerk des Tischlers entscheidet. Den Anforderungen an körperliche Kraft, die hier verlangt werden, sind seine elastischen Glieder gewachsen, sie werden geübt ohne erschlafft zu werden; das gute und sichere Augenmaß, das er sich erworben hat, findet hier seine Verwendung; die Exaktheit der Arbeit, die Nettigkeit und Nützlichkeit der Gegenstände, welche sie hervorbringt, entzücken ihn, und so zählt ex bald zu den besten und fleißigsten Gehilfen seines Meisters.

Natürlich liegt es aber nicht im Plan der Erziehung, Emile zum Tischler zu machen, nur eine bestimmte Zeit in der Woche ist diesem Teil seiner Ausbildung vorbehalten. Er soll sich weiter in Wald und Feld tummeln, im Garten arbeiten, aber er soll jetzt auch, wo er Kenntnis von dem gesellschaftlichen Getriebe erhalten hat, mit den wichtigsten Mitteln für den sozialen Zusammenhang bekannt gemacht werden: Lesen- und Schreibenlernen wird ihm nunmehr als ein notwendiger Vorzug erscheinen, nicht mehr als die unverständliche Quälerei, zu welcher die gewöhnliche Erziehung sie den Kindern macht. Charakteristisch für Rousseaus Stellung zu Büchern und Büchergelehrsamkeit sind die pathetischen Worte, mit denen er nochmals darauf aufmerksam macht, dass die Fertigkeit des Lebens leicht zu einem Danaergeschenk für Emile werden kann, wenn nicht hier mit aller erdenklichen Vorsicht vorgegangen wird. Auf lange Zeit hinaus soll nur ein Buch die ganze Bibliothek des Knaben bilden, und auf dies Buch an dieser bedeutsamen Stelle nachdrücklichst aufmerksam gemacht zu haben, ist eins der größten Verdienste, die sich selbst ein Rousseau für das Wohl der heranwachsenden Jugend erwerben konnte, es ist der unsterbliche Robinson Crusoe Defoes, der bis zum heutigen Tage das Entzücken eines jeden richtigen Kindes bildet.

Der Robinson und Gullivers Reisen bieten vielleicht die besten Beispiele dafür, dass die besten Kinderbücher die sind, die ursprünglich nicht für die Kinder geschrieben sind. Das pädagogisch Gefährliche, das in der affektierten Naivität und Kindlichkeit so vieler Kinderbücher liegt, und das in der damaligen Kinderliteratur noch viel schreckhafter hervortrat, als in der unsrigen, die doch schon durch Robinson viel gelernt hat, das alles hatte Rousseau richtig herausgefühlt. Aber es waren noch andere Vorzüge, die ihm den Robinson teuer und wert machen mussten. Hier war ja das geschildert, wonach er sich stets gesehnt, hier war der Mensch zurückversetzt in seine ursprüngliche Einsamkeit, nur von den Wundern der Natur umgeben, und hier sehen wir den Menschen aus eigener Kraft durch seiner klugen Hände Arbeit ein Leben gestalten, das unendlich viel reiner und gesünder ist, als das Leben des Kulturmenschen. Rousseau empfand, dass gerade in der Jugend eine Neigung, zu solchen einfachen und ungekünstelten Verhältnissen zurückzukehren, noch lebendig ist. Es war ihm darum zu tun, durch die Lektüre des Robinson diese Stimmung der Seele, die bei den meisten Kulturmenschen bald übertäubt und getötet zu werden pflegt, zu einem dauernden Grundgefühl des Lebens zu gestalten, welches auch den zum Mann Herangereiften gegen alle Versuchung, in den verschlungenen Pfaden der Kultur sich zu verirren, feit und schirmt. Denn daran ist, allerdings kein Zweifel, dass gerade, weil der Robinson auf lange Zeit hinaus die einzige Lektüre des Knaben bleiben soll, eine Wirkung von ihm ausgehen muss, welche alle weiteren Bücher, die der Heranwachsende später kennen lernen wird, niemals erreicht werden.

Emile tritt nun in die dritte Phase seiner Entwicklung ein, die wichtigste, die für sein ganzes späteres Leben entscheidend wird, und die seinen Erzieher vor die schwierigsten Aufgaben stellt, es ist die Zeit der beginnenden Geschlechtsreife. Während die Aufgabe des Erziehers in den früheren Stadien darin bestand, mit bewussten Eingriffen in die Entwicklung seines Zöglings möglichst sparsam zu sein, und im Wesentlichen die Natur frei gewähren zu lassen, muss er hier zum ersten Mal eine natürliche Entwicklung nicht befördern, sondern sie in klugen Grenzen verlangsamen und verzögern. Aber auch hierzu hat ihm die Natur selber die Hilfsmittel an die Hand gegeben. Der beginnende Jüngling weiß ja noch gar nicht, was das unbestimmte Sehnen und Drängen, das ihn erfüllt, eigentlich bedeutet. Es gilt, ihn seinen unbestimmten Träumereien nicht zu überlassen. Die Gewohnheit, in dem Erzieher zugleich den Freund zu sehen, wird ihn die Gesellschaft des Lehrers noch häufiger aufsuchen heißen als bisher; durch starke körperliche Arbeit und Tätigkeit, die in dieser Periode ohne Schaden bis fast zur Erschöpfung gehen kann, wird die körperliche Energie in Anspruch genommen und in gesunder Weise befriedigt. Aber unendlich viel wichtiger als die körperlichen Veränderungen ist die geistige Revolution, die sich in Emile vollzieht. Sieht man die Seele als die Kraft an, die sich den Körper bildet, so wird man nicht umhin können, die Geschlechtsliebe aus einer ursprünglich in der Seele angelegten allgemeinen Sympathie abzuleiten. Wir haben gesehen, dass Rousseau diese Lehre für falsch hält. Jeder Fortschritt auf seelischem Gebiet hat bestimmte körperliche Voraussetzungen. Ihn herbeiführen zu wollen, bevor diese körperlichen Voraussetzungen vorhanden sind, heißt die normale Entwicklung verkünstelt und unmöglich machen. So hatte denn auch Rousseau darauf verzichtet, dem Kind eine Scheinsympathie und Scheinliebe zu den Menschen seiner Umgebung anzuzüchten, für welche die körperliche Entwicklung keinerlei Grundlagen bot. Diese Grundlage nun glaubt Rousseau in dem unbestimmt erwachenden Geschlechtstrieb gegeben. Er ist es, der den werdenden Jüngling über sich selber hinausweist, der ihn ergänzungsbedürftig und sehnsüchtig nach der Liebe anderer macht; die leiseste Liebkosung, deren Wert er früher gar nicht verstanden hätte, macht nun sein ganzes Wesen erzittern; sein Herz ist weit geöffnet, dass die Liebe zur Menschheit darin einziehen kann. Jetzt gilt es, ihn auf die tausend Bande aufmerksam zu machen, welche die Menschen aneinander schließen, jetzt kann er den Schritt von der Natur zur Geschichte hinüber vagen, nun wird die Lektüre nicht mehr das sein, was sie für die meisten Menschen ist: ein törichter Zeitvertreib, eine Ausfüllung leerer Stunden, sondern die großen Männer, von denen ihm die Bücher der

Geschichte Kunde geben, werden zu gleicher Zeit seine Freunde und seine Vorbilder; nun weiß er, was es heißt, für die heilige Sache der Menschheit kämpfen und leiden, und die Brust schwellt sich ihm bei dem Gedanken, dass diese Männer auch für ihn gelebt, auch für ihn gelitten haben.

Aber nicht nur sein Gefühl bildet sich aus; auch das Denken erhält in dieser Zeit seinen krönenden Abschluss. Das unbestimmte Sehnen und Drängen, das die Seele erfüllt, reißt sie in mächtigem Zuge über alles Gegebene hinweg; ernst und feierlich tritt die Frage nach dem letzten Grunde der sinnlich gegebenen Wirklichkeit vor die Seele des Jünglings; seine Sehnsucht nach Güte und Liebe kann sich nur beruhigen in dem Gedanken einer allgütigen und liebenden letzten Ursache für die vertraute Welt, die ihm einst so weit erschien und nun so eng geworden ist. Jetzt mögen die Worte: Gott, Gebet, Religion, die vor dieser Zeit für ihn eben nur Worte hatten sein können, und die deshalb vor ihm nicht ausgesprochen werden durften, an sein Ohr klingen, an seine Seele pochen; sie werden Einlass finden, denn sie sind nur der Ausdruck dessen, wonach die Seele selber sich sehnte. Wie die Geschichte, wenn Emile sie in dieser Zeit kennen lernt, nicht der tote Inbegriff von Namen und Zahlen ist, welcher sie mit Notwendigkeit sein muss, wenn sie in einem früheren Alter dem unreifen Verstande des Kindes aufgepfropft wird, so wird er jetzt seine Vorstellungen von Gott und göttlichen Dingen frei von dem mechanischen Nachplappern, frei von den kindischen Anthropomorphismen halten können, in die er früher fast unvermeidlich verfallen wäre. So gilt es auch hier, die körperlichen Vorbedingungen abzuwarten und aus ihnen dann die geistigen Werte zu entwickeln, für die sie die gesunde Grundlage abgeben sollen. Aber wo es sich um den höchsten Gewinn handelt, ist auch die höchste Gefahr vorhanden. Gibt der Jüngling ohne feste Leitung den in ihm gärenden Trieben nach, so ist trotz aller Mühe, die früher auf seine Erziehung verwendet sein mag, sein Leben verloren. Alle edlen Anlagen, zu welchen der Naturtrieb die Vorbedingung hätte werden können, verdorren in der Glut des Genusses, und trotz aller reihen Hoffnungen, zu denen er früher Anlass gab, wird der Jüngling der Sklave seiner Sinne bleiben, zu dem ihn die eigene Leidenschaftlichkeit und die Unachtsamkeit oder Ruchlosigkeit seiner Umgebung gemacht haben.

Emile ist nun reif, das Getriebe der Welt kennen zu lernen, um später selber handelnd und tätig darin eingreifen zu können. Ihn, den Freund der Natur und der großen Männer der Geschichte werden die Versuchungen der Welt nicht mit sich fortreißen oder ihn zum zynischen Menschenverächter machen können. Aber es fehlt noch der wichtigste Talisman, ohne welchen kein Jüngling aus der reinen Natur in die vergiftete Luft der Städte treten sollte, die tiefe und starke Liebe zu einem guten Mädchen, welche ihn gegen alle Versuchungen der Sinnlichkeit unempfänglich macht. Es handelt sich um die Wahl einer Lebensgefährtin für Emile, eine Wahl, die er aus eigener freier Neigung treffen muss, und die doch allen Ansprüchen genügt, die ein kluger, einsichtsvoller Berater stellen könnte. Rousseau hat auch hierfür Sorge getragen. In einiger Entfernung von dem ländlichen Aufenthalt Emiles wächst unter der Obhut liebender Eltern ein Mädchen heran, das geistig und körperlich die beste Lebensgefährtin zu werden verspricht. Lehrer und Zögling brechen nunmehr zu einer Fußwanderung auf, deren Endziel der Landsitz dieser „prästabilierten Sophie", wie sie Hettner boshaft nennt, bilden soll, und deren Zweck es ist, die füreinander bestimmten jungen Leute miteinander bekannt zu machen, und das, was die Vernunft gewünscht, durch die Liebe zu vollenden.

Die Beschreibung dieser Fußwanderung, das Zusammentreffen Emiles mit Sophie, das Erwachen der Liebe in beiden, das ist alles so einfach und so schön geschildert, dass jeder Versuch der Wiedererzählung daran scheitern muss; das muss man bei Rousseau selbst nachlesen. Besonders möchte ich auf die Szene aufmerksam machen, wo Sophie ihren Geliebten in der Schreinerwerkstätte aufsucht, um ihn sich für den Tag zu erbitten, und Emile trauernd sich den eigenen und den Wunsch der Geliebten mit Rücksicht auf die übernommene Arbeit versagt. Die festliche Verlobung beendet das Idyll und auch das Zusammensein der Liebenden, denn der Erziehungsplan fordert für Emile noch einen längeren Aufenthalt auf Reisen, die er nunmehr unternehmen kann, ohne die Gefahren fürchten zu müssen, welche die „große Tour" für Jünglinge seines Standes mit sich zu bringen pflegt. Eine Anzahl seiner Bemerkungen Rousseaus über die richtige Art zu reisen, können wir hier billig übergehen. Zum Mann entwickelt, fähig nun selber Vorstand eines Hauswesens zu sein, als Gestaltender einzugreifen in das Triebwerk des Lebens, kehrt Emile zu seiner Sophie zurück. In einer ernsten, an alles Gute in Emile sich wendenden Rede über die Pflichten, die ihm das neue Leben bringen wird, liest sein Erzieher das Werk ab, dem er so viele Jahre des eigenen Lebens gewidmet hat.

Mit einigen Worten muss noch Rousseaus Ansicht über die Erziehung des weiblichen Geschlechts berührt werden, weil er hier zum Teil im Vergleich mit der Knabenerziehung ganz entgegengesetzte Ratschläge gibt. Sie alle aber lassen sich von einem Punkte aus leicht übersehen und sind von hier aus verständlich und vernünftig. Der Knabe soll zum Menschen erzogen werden, das Mädchen zur Gattin und Mutter. Auch glaubt Rousseau nicht damit seinen Grundsatz zu verletzen, nach welchem jedes Lebensjahr des

Kindes als Selbstzweck betrachtet werden muss und nicht nur in Beziehung auf das spätere Leben gewertet werden darf. Denn die Natur selber hat, wie er glaubt, in dem Mädchen schon von früh an diese spätere Bestimmung psychisch angelegt und sie selbst strebt danach, sie zu verwirklichen. Man würde wider die Natur handeln, wenn man das Mädchen in eine Erziehung hineinpressen wollte, die für den Knaben die naturgemäße ist. So sehen wir denn bei dem Mädchen vom frühesten Kindesalter an einen Trieb, sich zu schmücken und zu gefallen, der dem naturgemäß sich entwickelnden Knaben vollständig fremd ist, der aber von vornherein darauf deutet, dass das Mädchen nicht dazu bestimmt ist, dereinst den Mittelpunkt seines Lebens in sich selber zu finden, sondern ihn in dem Verhältnis zu anderen Menschen zu suchen haben wird. Zärtlichkeit ist ebenso der Grundzug der Seele beim Mädchen, wie die Selbstliebe beim Knaben; und der Erzieher hat hier nur ebenso darauf zu achten, dass diese Zärtlichkeit nicht zur unterschiedslosen Selbsthingabe führe, wie bei dem Knaben die Ausartung der Selbstliebe in Egoismus verhütet werden musste. Daraus folgt nun aber, dass auch die ganze Art der Erziehung bis in die kleinsten Einzelheiten hinein nach dem Geschlecht des Kindes eine verschiedene sein muss. Freilich die Pflege und Abhärtung des Körpers ist ein gemeinsamer Zweck der Mädchen- wie der Knabenerziehung, und Sophie kann, wenn auch erfolglos, den Geliebten zum Wettlauf herausfordern. Aber schon in den Spielen wird sich ein merklicher Unterschied zeigen: der Knabe durchstreift Garten und Wald, das Mädchen bleibt im Zimmer und ist die Mutter ihrer Puppe. Wir haben gesehen, mit welchem Eifer Rousseau darauf dringt, dass für Emile niemals der bloße Wille des Erziehers bestimmend für sein Tun und Lassen sei; bei dem Mädchen liegt die Sache anders. Das ganze Glück des Weibes wird dereinst von dem Willen eines anderen Menschen, ihres Gatten, abhängig sein, und so ist es gut, dass schon das Kind sich gewöhne, dem Willen eines geliebten Menschen sich unterzuordnen, auch wo es die Bestimmungsgründe dieses Willens nicht kennt oder nicht zu begreifen vermag. Wenn ferner die erste Regel für den Erzieher Emiles war, von einem einmal gegebenen Befehl sich nichts abschmeicheln zu lassen, so kann bei der Erziehung des Mädchens lässlicher verfahren werden. Ist doch die Waffe der Frau dem Herrenwillen des Mannes gegenüber immer Schmeichelei und weibliche Anmut gewesen; sie erreicht durch ihre Bitten und ihre Tränen mehr, als der Mann durch seine Stärke und sein Recht für sich durchsetzen kann. Ein flehender Mann ist ebenso naturwidrig wie eine streitbare Frau. Daher wäre es verfehlt, wenn man dem Mädchen den Gebrauch dieser natürlichen Waffen ganz entziehen würde. Man lasse sich gelegentlich etwas abschmeicheln, man erbarme sich der Tränen der kleinen Sünderin und verzeihe ihr; man wird belohnt werden durch die Freude des Kindes über seinen et weiblichen Erfolg.

Dass bei so verschiedener Erziehung das Verhältnis beider Gatten in der Ehe nicht das der Kameradschaftlichkeit sein kann, ist ganz selbstverständlich. Unselbständig wie nach Rousseau das Mädchen von Natur ist, ist es auch in der naturgemäßen Erziehung, die ihm Rousseau zudenkt, geblieben. Aus der Hand der Eltern geht die Jungfrau, ein reizendes, liebliches Wesen, zum Glück bestimmt und beglückend, in die des Gatten über. Und ebenso wie der Wille der Eltern für sie höchstes Gesetz war, soll es nunmehr der Wille des Gatten sein. Ihre Bestimmung ist, ihm eine treue, liebende Gattin, s e i n e m H a u s e eine umsichtige Vorsteherin, s e i n e n Kindern eine liebende Mutter zu sein. Rousseau dachte hoch von der Heiligkeit der Ehe; in nichts sah er deutlicher die Entartung menschlicher Verhältnisse durch die Kultur, als in der Herabwürdigung und Zersetzung der ehelichen Verhältnisse in der „guten" französischen Gesellschaft. Aber als wesentlich für den Bestand einer guten Ehe galt ihm immer das Bestimmungsrecht des Mannes, die Unterordnung der Frau. Und wenn ihm auch gelegentlich, wie wir sehen werden, ein Zweifel aufsteigen mochte, ob dieses „naturgemäße" Verhältnis innerhalb der heutigen Gesellschaftsordnung noch das wahre Glück beider Gatten verbürgen könne, so haben solche gelegentlichen Anwandlungen ihn nie zu einer Revision seiner Sätze über das natürliche Verhältnis beider Geschlechter geführt.

Das stärkste Zeugnis für die Wirkung, die vom Emile ausgegangen ist, liegt in der Tatsache, dass sehr viele der Ansichten, die hier mit großer Empathie vorgetragen werden, für uns heute ganz selbstverständlich erscheinen. Rousseau scheint uns hier dauernd offene Türen einzurennen. Es gehört einige Kenntnis der Geschichte der Pädagogik dazu, um sich darüber klar zu werden, dass diese Türen zu Rousseaus Zeiten eben nicht offen waren, sondern durch seine Arbeit erst geöffnet oder besser durch die Mauern einer verkünstelten Pädagogik gebrochen werden mussten. Die bahnbrechende Kraft Rousseaus erscheint vielleicht nirgends größer, als wenn wir die Wirkung abschätzen, welche der Emile auf die Folgezeit ausgeübt hat. Die ganze gewaltige Bewegung, die alsbald namentlich in Deutschland einsetzt, kann man als eine Reihe von Versuchen bezeichnen, wie weit die Vorschläge Rousseaus in die Praxis übersetzt werden können, und namentlich, inwieweit es möglich sei, von der Einzelerziehung, wie sie Rousseau schildert, zur gemeinsamen Erziehung, wie sie die Praxis fordert, überzugehen, ohne den wesentlichen Gehalt der Lehren Rousseaus aufzugeben. Von den ersten unvollkommenen und häufig bizarren Versuchen, die auf einem prinzipienlosen Nachbeten Rousseauscher Lehrsätze beruhten, bis zu den durchdachten und von genauester Sachkenntnis geleiteten Arbeiten eines Salzmann, Pestalozzi und Fröbel, immer finden wir als fast selbstverständlichen Ausgangspunkt den Emile; seine Ansichten werden unausgesetzt bekämpft oder angenommen, die ganze Diskussion ist an ihm orientiert. Und wenn wir bedenken, wieviel glücklicher und naturgemäßer sich die Kinderjahre von Tauenden und Abertausenden heranwachsender junger Menschenkinder unter dem Einfluss dieses einen Buches gestaltet haben, so muss man sagen, dass das schwere Unrecht, das Rousseau durch sein pflichtwidriges Verhalten gegenüber seinen eigenen Kindern auf sich geladen hat, soweit dies überhaupt möglich, gesühnt worden ist durch die Wohltaten, die er Generationen auf Generationen fremder Kinder erwiesen hat und bis zum heutigen Tage erweist.

Fünftes Kapitel

Die Nouvelle Héloïse

Rousseau hat einmal daran gedacht, seinem Emile eine Fortsetzung zu geben, in welcher das eheliche Leben Emiles und Sophiens geschildert werden sollte. Es ist ein Glück, dass er diesen Plan nicht ausgeführt hat, denn die uns erhaltenen Bruchstücke zeigen deutlich genug, dass uns hier der Bankerott all der schönen Hoffnungen gezeigt worden wäre, mit denen der Erzieher Emile entlässt und der Leser das Buch aus den Händen legt. Namentlich wären aber die eigenen Lehren Rousseaus über Erziehung des weiblichen Geschlechts glänzend *ad absurdum* geführt worden. Nach einem k u r z e n glücklichen Aufenthalt auf dem Lande begibt sich das junge Paar nach der Stadt; mannigfache neue Anregungen machen es Emile unmöglich, sich so wie früher Sophien zu widmen. Sophie fühlt, dass sie den bisherigen Mittelpunkt ihres Lebens verloren hat; sie ist gelangweilt, unglücklich, und sinkt in dieser Stimmung als leichte Beute einem gewissenlosen Verführer in die Arme. Emile trennt sich von ihr, beginnt ein Wanderleben, und findet nach langen Irrfahrten an einsamer Stätte die bereuende Gattin wieder, um nun fern von den Menschen mit ihr den Rest des Lebens zu verbringen.

Das ist nicht eine Schilderung des modernen Menschen in seinen Beziehungen zu Welt und Leben, sondern es klingt fast wie eine Satire auf das ganze mühselige Erziehungswerk, das Emile dazu geführt hat, seinen Platz im Leben so wenig befriedigend auszufüllen. Aber Rousseau konnte mit umso besserem Recht diese Fortsetzung Fragment bleiben lassen, als er bereits früher in der *Nouvelle Héloïse* das Buch geschrieben hatte, in dem diese Probleme so eindringlich behandelt worden waren, dass ihm Neues hierüber zu sagen unmöglich war. Die Ansicht der Romantiker, dass in jedem Menschen ein und nur ein Roman angelegt sei, trifft auf Rousseau vollständig zu; deshalb musste der Versuch, dem Emile eine Fortsetzung zu geben, scheitern; den Roman des Lebens hatte Rousseau geschrieben, bevor er an den Roman der Erziehung dachte; denn noch einmal, die *Confessions* wollen kein Roman sein, sondern die wirkliche Geschichte seines Lebens geben, sie wollen Wahrheit, nicht Dichtung sein.

Es fehlt viel daran, dass Rousseau das Technische dieses Buches, welches dazu bestimmt war, die Kunstform des modernen Romans zu schaffen, ohne Vorbilder und Muster ausgebildet hätte. Freilich, wer nach dem Titel gehen würde und auf die Briefe der Héloïse an Abélard zurückgriffe, auch in der Umdichtung, welche Pope ihnen gegeben hatte, der würde in der Nouvelle Héloïse wenig finden, was sie als Nachbild dieses Vorbildes erscheinen lassen könnte. Aber die Form des leidenschaftlichen Briefromans war seit den *Lettres portugaises*, wie uns Waldberg gezeigt hat, durchaus eingebürgert, und Rousseau hatte als der unersättliche Romanleser, der er in gewissen Zeiten seines Lebens gewesen war, sicher Kenntnis davon erhalten. Vor allem aber tritt uns auf jeder Seite der Nouvelle Héloïse die Erinnerung an Richardson entgegen, der damals – man lese nur den begeisterten Dithyrambus Diderots – als der unerreichte Meister des Romans gepriesen wurde, und der in der Tat in wichtigen Stücken die Technik des modernen Romans ausgebildet hat.

Ursprünglich bildete das Geschehnis das ganze Interesse des Romans. Bunte Abenteuer, fabelhafte Erlebnisse oder Haupt- und Staatsaktionen wurden vom Lesepublikum gefordert. Dies war die Hauptsache, und es verschlug wenig, wem alle diese Ereignisse zustießen; der eine tapfere Ritter, die eine schöne Prinzessin war genauso gut wie die anderen. Wir können nun Schritt für Schritt verfolgen, wie der Schwerpunkt des Romans allmählich vom Geschehnis in die Seele des Erlebenden gerückt wird. An Stelle des Romans der Abenteuer tritt der psychologische Roman, und seinen bedeutendsten Meister vor Rousseau haben wir in Richardson zu erblicken. Wie früher die Haupt- und Staatsaktion, so wird jetzt das Tagebuch und namentlich der Brief zum wichtigsten Mittel der Technik. Das Interessante ist nicht mehr das äußere Geschehnis, sondern der psychische Reflex dieses

Geschehnisses in den Seelen der handelnden oder besser der schreibenden Personen. Daraus erklärt sich auch die große Einfachheit der Handlung in den Romanen Richardsons. Was in diesen vielbändigen Ungetümen wirklich geschieht, lässt sich auf sechs Zeilen erzählen. Doch in diesen Geschehnissen liegt auch gar nicht das, worauf wir aufmerksam werden sollen. Dasselbe Ereignis tritt uns bei den verschiedenen Korrespondenten in der verschiedensten Beleuchtung entgegen, und gerade diese verschiedene Beurteilung desselben Dinges, in der sich die Individualität der einzelnen Persönlichkeiten offenbart, ist es, worauf wir achten sollen. Und da zeigt sich in der Tat bei dem einfachen Londoner Buchhändler eine ganz überraschende Kraft und Feinheit der psychologischen Analyse. Bei ihm finden wir bereits den experimentellen Roman einer späteren Zeit angelegt, und das leidenschaftliche Interesse seiner Zeitgenossen an den Gestalten einer Pamela, einer Miss Harlowe, eines Lovelace und Grandison wird verständlich, wenn man erwägt, dass dies die Zeit war, wo die Menschen einander, und jeder sich selber, anfingen interessant zu werden, wo von der Philosophie Leibniz' an bis zu jeder empfindsamen Seele, die ein Tagebuch führte, die Überzeugung vertreten wurde, dass ein jedes Individuum als ein Unikum, das seinesgleichen nicht hat noch haben kann, betrachtet und gewertet werden müsse.

Die Verwandtschaft zwischen Richardson und Rousseau ist so einleuchtend, dass wir uns sehr viel mehr fragen müssen, worin sie sich unterscheiden, als worin sie sich gleichen. Und da ist es vielleicht am einfachsten, auf die Motive ihrer Dichtungen zurückzugehen. Richardson wollte seine Leser bessern, indem er sie unterhielt. Er war zu gleicher Zeit der Dichter, der Drucker und der Verleger seiner Werke. Vor seinem geistigen Auge stand als der Areopag, dem er seine Romane vorzulegen liebte, eine Gesellschaft älterer ehrbarer englischer Damen, die sich beim Tee zusammenfanden. Er lebte die Leidenschaft nicht, sondern er analysierte sie. Diese Reflektiertheit, diese Wohlanständigkeit rief die Opposition Fieldings hervor und ist vielleicht die Hauptursache gewesen, warum bei allen seinen großen Verdienten Richardson in unseren Tagen ein kümmerliches Dasein in den Literaturgeschichten fristet. Ganz anders Rousseau. Die Entstehungsgeschichte seines Romans ist vielleicht ein Unikum. Das Herz geschwellt von unbestimmter Liebessehnsucht idealisierte er das Andenken an die zwei lieblichen Freundinnen, mit denen er einen der wenigen glücklichen Tage seines Lebens verlebt hatte. Sie wurden ihm zu den Gestalten der anmutigen blonden Julie und ihrer braunen klugen Gefährtin Claire, er selbst als St. Preux trat zu ihnen als der dritte in den Bund der Liebe und Freundschaft. In einzelnen Briefen, ohne Zusammenhang, ohne Plan ließ er die Gestalten seiner Einbildungskraft ihren

Gefühlen und Empfindungen Worte leihen, und diese Worte enthielten nichts anderes, als was seine eigene Seele bewegte und was er so gerne von befreundeten und geliebten Lippen gehört hätte. Erst nachträglich entstand die Fabel des Romans, wurden die Situationen in eine chronologische Reihe gebracht, hinkte die moralische Nutzanwendung, die schließlich doch auch für Rousseau unerlässlich war, nach. Es ist richtig, auch Rousseau wollte den Leser am Schlusse seines Buches besser zurücklassen, als er in dem Augenblick gewesen war, wo er das Buch zur Hand nahm. Aber dieser Gedanke, der bei Richardson die ganze Komposition beherrscht, ist bei Rousseau erst später in den Plan hineingetragen, die moralische Absicht hat hier, wie wir sehen werden, über die ästhetische Notwendigkeit gesiegt. Wie die *Nouvelle Héloïse* aus dem Gefühl entstanden war, so hat auch die starke und wahre Darstellung des Gefühls, der Leidenschaft ihr die Stelle in den Herzen der Leser errungen, die sie bis heute sich zu behaupten gewusst hat.

Auch hier wie bei Richardson ist die Fabel von denkbarster Einfachheit. St. Preux, der Lehrer des adeligen Fräuleins Julie D'Etange und ihrer Freundin Claire, verliebt sich in seine reizende Schülerin, und seine Liebe wird erwidert. Nach langem inneren Kampf siegt die Leidenschaft bei beiden; aber die bürgerlichen Vorurteile sehen ihrer Vereinigung für das Leben unüberwindliche Hindernisse entgegen; St. Preux muss die Geliebte verlassen und begibt sich zu seinem Freunde, Lord Edouard Bomfton, später auf eine mehrjährige Reise um die Welt. Julie fügt sich dem Wunsch ihres Vaters und wird die Gattin des Barons Wolmar mit dem festen Entschluss, ihm eine gute und treue Gattin zu werden. Der Baron hat ein so sicheres Vertrauen zu Julie, dass er den zurückgekehrten St. Preux auffordern kann, der Hausgenosse seiner Familie zu werden. Die alte Leidenschaft flammt in beiden empor, aber Julie weiß sich ihrer zu erwehren. Der Tod, den sie bei der Rettung ihres ertrinkenden Kindes findet, entreißt sie dem Kampf zwischen Pflicht und Neigung und weckt in ihrem atheistischen Gatten die Ahnung eines Lebens nach dem Tode.

Das ganze Interesse des ersten Teiles des Romans liegt in der Schilderung der Leidenschaft der Liebenden und in der Darstellung des vergeblichen Kampfes, den sie gegen die Gebote der Sittsamkeit einerseits, gegen die Gesetze der zivilisierten Gesellschaft mit ihren Klassenunterschieden und Standesvorurteilen andererseits, zu führen hat. Da, wo die ihr gegenüberstehenden Mächte sittlich berechtigt sind, siegt die Leidenschaft; die Liebenden werden schuldig in ihrem Glück. Da, wo diese Hindernisse nur auf Vorurteil und Konvention beruhen, unterliegt die Leidenschaft; die dauernde Vereinigung der Liebenden wird unmöglich. Das ist die Tragik im Schicksal St.

Preux' und Juliens. Wir hassen die gesellschaftlichen Ordnungen, die einen Bund zweier füreinander geschaffener Herzen zu verhindern vermögen, aber wenn wir auch in den leidenschaftlichen Selbstanklagen St. Preux' und Juliens eine Berechtigung nicht verkennen können, so sind wir doch weit davon entfernt, die Schönheit, die Stärke und die Tiefe des Triebes, der sie zueinander riss, zu tadeln. Auch da, wo diese Leidenschaft ewige Ordnungen verlegt, hat sie einen Anspruch nicht nur auf unser Verständnis, sondern auf unser wärmstes Mitgefühl, ja auf unsere Bewunderung. Menschen, die so lieben können, sind keine schlechten Menschen. Sie können unglücklich, sie können schuldig, niemals aber können sie niedrig und gemein werden.

Es ist ein feiner Zug Rousseaus, dass er den Vertreter der hergebrachten Ordnungen und Vorurteile, den Vater Julies, als einen durchaus nicht schlechten Charakter dargestellt hat. Er ist ein tapferer Soldat, ein liebender Gatte, ja sogar in seiner Art ein guter Vater, der nach seiner besten Einsicht das Glück seiner Tochter will. Umso größer muss die gänzliche Verkehrtheit der Standesvorurteile erscheinen, da sie einen liebenden Vater dazu veranlassen können, das Glück seines Kindes so mit Füßen zu treten, und ihn dabei noch mit dem ruhigen Hochgefühl getaner Pflicht zu erfüllen. Das ist eben die entsetzlichste Erscheinung einer verderbten Kultur, dass sie auch ursprünglich gut angelegte Menschen zu Handlungen fortreißt, vor denen sie zurückschaudern würden, wenn sie sich ihrem eigenen unverderbten Gefühl überlassen könnten. Rousseau verfuhr hier unendlich wirksamer als Schiller mit der Zeichnung des Präsidenten in „Kabale und Liebe". Die Unpersönlichkeit und daher auch die Unbesiegbarkeit der Widerstände, welche sich den Liebenden entgegenstellen, tritt in der Fassung Rousseaus viel deutlicher hervor, als wenn er einen Tragödienvater geschaffen hätte.

Wir haben gesehen, dass die Handlung ursprünglich auf das Verhältnis Julies, Claires und St. Preux' zueinander begründet war. Als notwendige Ergänzung für St. Preux und als Adressat seiner brieflichen Ergüsse tritt Milord Edouard Bomfton ebenso neben ihn, wie Claire neben Julie. Dass St. Preux viele Züge von Rousseau hat, ist ganz selbstverständlich. Vor allem erinnert die Kindlichkeit seines Wesens durchaus an Rousseau. Gerade diese Eigenschaft war ja auch Rousseaus Schicksal und Verhängnis; wie er ist St. Preux nicht von Begriffen, sondern von Gefühlen abhängig. Es würde fast komisch sein, ihn immer als Philosophen angeredet und bezeichnet zu hören, gäbe es nicht neben der Philosophie des Kopfes auch eine des Herzens. Ganz dem Augenblick hingegeben, ganz in den Stimmungen, die er bringt, aufgehend, für das Höchste empfänglich und mitunter bei dem kleinsten Hindernis verzweifelnd, bei den besten Vorsätzen einer plump angelegten Verführung erliegend, zeigt er uns nur wenig idealisiert die Züge seines Urbildes. Auch das überwiegend Passive im Charakter St. Preux', seine Neigung, sich durch fremden Rat leiten zu lassen, seine Unfähigkeit, das eigene Schicksal selbst zu gestalten, das Schwelgen in Gefühlen, wo es auf entschlossenes Handeln ankäme, alles dieses waren Züge, nach denen Rousseau nicht weit zu suchen brauchte, um sie auf seinen Helden zu übertragen.

Milord Edouard ist, wie Texte richtig hervorgehoben hat, ein legitimes Kind der in Frankreich damals herrschenden Anglomanie, welche in ihrer Schrankenlosigkeit nur selten durch wirkliche Kenntnis englischer Verhältnisse beeinträchtigt wurde. Man kann sie vielleicht darauf zurückführen, dass die Franzosen, die unter dem Zwang der Sitte, der Regel, des guten Tones in der Tat einige Gefahr liefen, uniform und monoton zu werden, bei den Engländern die Erfahrung machten, dass auch mit einer hochgesteigerten Kultur kräftige Eigenart, Individualität, wohl vereinbar sei. Daher auch die starke Betonung der bizarren Züge bei Milord Edouard. Sie sollen den Mann kennzeichnen, der es unternommen hat, unbekümmert um alle Vorurteile sich selber sein, Leben zu gestalten. Durch seine Geburt der Kaste angehörend, an deren starren Vorurteilen das Lebensglücks eines Freundes zerschellt, deren stumpfen Widerstand St. Preux vergebens zu überwinden sucht, hat sich Bomfton von allen diesen Vorurteilen frei gemacht; er steht also ebenso jenseits aller gesellschaftlichen Schranken, wie St. Preux diesseits. Er ist der Mann der Tat; rasch in seinen Entschlüssen, originell in seinen Mitteln; von zweifelloser Sicherheit auf dem eingeschlagenen Weg würde er das Schicksal der Liebenden glücklich gestaltet haben, wenn es Julie vermocht hätte, über der Liebe zu St. Preux die Gebote der Achtung und des Gehorsams gegen ihre Eltern zu vergessen. Die komplizierten italienischen Familienbeziehungen Bomftons, die, in genauer Analogie zu Richardson und mit der gleichen Langeweile einen so großen Platz im zweiten Teile in Anspruch nehmen, lagen ursprünglich nicht im Plane Rousseaus.

Zu diesen Gestalten tritt nun später Wolmar, der Gatte Julies. Auch für ihn ist das Vorbild ganz unverkennbar, es ist der Geliebte der Gräfin d'Houdetot, St. Lambert. Erschütternd genug hat Rousseau in den *Confessions* geschildert, wie sein sehnlicher Wunsch, als dritter in den Bund der beiden Liebenden eintreten zu dürfen, scheiterte und ihn damit die Verzweiflung am Leben und an den Menschen zum unglücklichsten aller Wesen machte. Was dies Verhältnis hätte sein können, das wollte uns Rousseau im zweiten Teil seiner Héloïse schildern, und die nicht ganz berechtigte Verehrung für St. Lamberts Charakter hat an dem Bilde mitgearbeitet, das er von Wolmar entwirft. Wolmar hat all die Eigenschaften, die Rousseau so unendlich gerne gehabt hätte, die er oft mit heißem Bemühen sich anzueignen bestrebt hatte, und welche ihm ein freundliches Geschick stets versagte. Er ist das vollkommene Gegenbild zu St. Preux, ebenso an den Regeln des Verstandes orientiert wie dieser durch die Impulse des Gefühls geleitet wird. Aber dieser Verstand hat ihn nicht zum Spötter und Zyniker gemacht; was er ihm nehmen konnte, was er auch St. Lambert genommen hatte, war der Glaube an Gott. Der Atheismus Wolmars ist der tiefe Kummer für Julie, noch auf dem Totenbett sucht sie den Gatten für ihren Glauben zu gewinnen. Aber die Beziehungen zu den Menschen sind bei Wolmar nicht durch Verstandesskepsis angefressen. Er ist das Muster eines edlen Gutsherrn, der seinen Vorteil darin sieht, dass seine Bauern sich wohl befinden; mit dem Unglücklichen hat er Mitleid und sucht ihm dauernd zu helfen; sein festes Vertrauen auf Julie und St. Preux, deren frühere Beziehungen er kennt, bewährt sich in der großartigen Unbekümmertheit, mit der er sie in ihrem Zusammensein vollständig frei gewähren lässt. Aber während man St. Preux lieben kann, sind Achtung und Billigung die Gefühle, die ein Wolmar einflößt.

Die Erweiterung des Romans durch die Ehe Julies mit Wolmar ist natürlich nicht nur auf das Verhältnis Rousseaus zu Madame d'Houdetot und St. Lambert zurückzuführen. Dass der Roman mit ästhetischer Notwendigkeit ein tragisches Ende durch den Selbstmord St. Preux' gefordert hätte, das bedarf keines Beweises. Dass die langen und übrigens sehr gut geschriebenen Briefe St. Preux' und Julies *pro und contra* Selbstmord nicht dazu angetan find, die ästhetische Notwendigkeit abzuschwächen, ist ebenfalls deutlich. Ein verzweifelter Geliebter schreibt anders an die Geliebte über seinen Entschluss, aus dem Leben zu scheiden, und tut er's doch, so wird er von der Geliebten nicht einen so vorzüglich geschriebenen Aufsatz erhalten wie St. Preux von Julie. Wenn wir die hingestammelten Worte Werthers lesen, die erst, nachdem sich sein Schicksal erfüllt hat, an Lotte gelangen sollten, dann fühlen wir, was wir hier in der Nouvelle Héloïse schmerzlich vermissen. Es mag uns freuen, dass St. Preux dem Leben erhalten bleibt, aber wir verstehen eigentlich nicht recht, wie das möglich war. Es war auch nur so möglich, dass Rousseau außer den ästhetischen Zwecken, die die erste Anlage des Romans bestimmt hatten, nun auch noch andere, die ihm je länger je mehr die wichtigeren wurden, zu Worte kommen lassen wollte; auch er wollte, ganz wie Richardson, seine Leser nicht nur bewegen und rühren, er wollte sie auch bessern. Daher musste neben Julie, das liebende und schuldige Mädchen, Julie, die pflichttreue und tugendhafte Frau treten; daher musste neben das Gemälde der siegreichen Leidenschaft die Darstellung der tugendhaften Selbstverleugnung kommen. Was die Moral im ersten Teil vermisst hatte, im zweiten sollte es mit voller Klarheit dargestellt werden: die Tugend sollte über die Leidenschaft siegen. Das tat sie denn auch, aber niemand kann zween Herren dienen. Es fehlt diesem zweiten Teil nicht an großen poetischen Schönheiten. Die Schilderung des Landlebens, der Besuch Julies. und St. Preux' in Meillerie reihen sich den schönsten Stellen des. ersten Teiles würdig an. Jedoch Rousseau hatte sich dadurch, dass er den Roman nicht damit enden ließ, womit er enden musste, in eine poetische Sackgasse verrannt, aus der es eigentlich keinen Ausweg mehr gab. Immer wieder flammt die Leidenschaft bei den Liebenden empor, immer wieder wird sie durch die Rücksicht auf die Pflicht gegen den Gatten und Freund gebändigt. Es ist gar kein Ende abzusehen, am wenigsten das seltsame einer Verheiratung St. Preux' mit der inzwischen verwitweten Claire. Und der schließliche Abschluss, der Tod Julies, ist ebenso unmotiviert und überflüssig wie der Tod St. Preux' am Schluss des ersten Teiles motiviert und befreiend gewesen wäre.

Es lässt sich gar nicht leugnen, dass Rousseau mit dem zweiten Teil seines Romans mindestens ebenso sehr den Geschmack seiner Leser getroffen hatte als mit dem ersten. Es war noch nicht an der Zeit, dass eine Dichtung den Anspruch darauf erheben konnte, rein als Dichtung genommen und gewertet zu werden. Was wir früher bei Rousseaus Stellung zum Theater gesehen haben, das galt auch für den ganzen Bereich der Poesie. Ein Theaterstück, das den Hörer nicht unterrichtete oder besserte, erschien Rousseau wie seinen Gegnern als wertlos, und der ganze Unterschied zwischen ihnen bestand nur darin, dass die Verteidiger der Schaubühne diese ihre Wirkung aufweisen zu können glaubten, Rousseau dagegen sie leugnete. In der *Nouvelle Héloïse* können wir gleichsam die Poesie am Scheidewege erblicken. Der erste Teil ist rein aus ästhetischen Motiven hervorgegangen, hier liegt das Neue, das Bedeutsame des Buches; im zweiten biegt der Autor in die gewohnten Wege des Zeitalters ein. Die Zeitgenossen erfreuten sich an beiden; Rousseau selber glaubte, erst durch diesen zweiten Teil die Berechtigung seines Buches nachgewiesen zu haben, sein moralisches Gewissen, das sich früher mit so vollen Tönen gegen die Berechtigung nutzloser Bücher ausgesprochen hatte, fühlte sich durch den zweiten Teil beruhigt. Der Größere, der nach ihm kommen sollte, wusste, woran er sich zu halten hatte. Er ersparte es sich und den Lesern, Werther als Hausfreund Lottens und Alberts zu schildern, er zog die Konsequenz, die Rousseau hätte ziehen sollen. Aber der Werther, so wie wir ihn haben, konnte nur geschrieben werden, weil die *Nouvelle Héloïse* den Weg bereitet hatte.

Noch auf einer anderen Seite bedeutet die *Nouvelle Héloïse* einen unverlierbaren Fortschritt. Wenn wir als wissenschaftliche Menschen die gesamte

Wirklichkeit durch ein System von Begriffen zu erfassen suchen, wenn wir als sittliche Wesen die Dinge der Wirklichkeit als Materiale unserer Pflichterfüllung betrachten, so ist es die Leistung der großen Künstler, uns die Dinge ästhetisch betrachten zu lehren. Die Arbeit jedes großen Künstlers ermöglicht es uns, Dingen gegenüber, an denen wir früher achtlos vorbeigegangen waren, ästhetisch Stellung zu nehmen. Wie die seligen Knaben im Faust dadurch die Welt verstehen, dass sie sie durch die Augen des Pater Seraphicus betrachten, so wird die Wirklichkeit zur schönen Welt, indem wir sie durch die Augen der großen Künstler sehen lernen. In diesem Sinn bedeutet die *Nouvelle Héloïse* einen der kühnsten Eroberungszüge in das Beutefeld der Wirklichkeit. Es hat zweifellos im geographischen, kommerziellen, militärischen und sonstigen Sinn auch schon vor Rousseau Alpen gegeben – im ästhetischen Sinn existieren sie erst seit der *Nouvelle Héloïse*; ganz ebenso wie der meteorologisch bereits früher vorhanden gewesene Nebel für den ästhetisch Betrachtenden erst durch Ossian, Lenau und Dickens entdeckt worden ist. Der Liebe zu seiner Heimat, zu den Gestaden des Genfer Sees hat Rousseau in seinem Roman ein unvergängliches Denkmal gesetzt, aber er hat mehr getan: er hat allen denen, die durch seine Worte ergriffen wurden, das ästhetische Bürgerrecht an diesen Gestaden verliehen. Die süßen und schmerzlichen Erinnerungen an seinen Aufenthalt in Les Charmettes, an seine Besuche in Nyon, sie sind in diesem Buch zum poetischen Erleben und Schauen verklärt worden. Aber noch Größeres hat er geleistet. Auch frühere Dichter waren von der Anmut der Gestade. der Alpenseen ergriffen worden; bis zu den smaragdgrünen Matten der Alpen waren die Vorposten des ästhetischen Heeres, Gesner und Haller vorgedrungen; Rousseau ging weiter. In den wundervollen Schilderungen, die St. Preux von der Felsgegend bei Meillerie entwirft, bekommen Dinge ästhetischen Wert, die ihn früher nie besessen hatten, die steil aufragenden Felsen, der schäumend sich zum Tal durcharbeitende Gießbach, das Dröhnen des Wasserfalls, und das alles in Beziehung gesetzt auf die stürmisch tobende Seele des Betrachtenden, so zieht die Bergwildnis, geheimnisvoll abgeschlossen durch den Kranz der ewigen Schneeberge, in die moderne Dichtung ein, sie hat damit eine Provinz gewonnen, die sie nie wieder verlieren kann. Es ist kein Zufall, dass die „Entdeckung der Schweiz" vom Genfer See ausgeht, dass der Montblanc in Byrons Manfred als der König der Geister gepriesen wird und bis zum heutigen Tage, bis zu Luise von François und Gottfried Keller, als der Monarch der Bergesriesen gilt. Das verdankt er nicht dem Umstand, dass er ein paar Fuß höher ist als andere seinesgleichen, denn dies ist eine wissenschaftliche Notiz ohne jeden ästhetischen Wert; nein, diesen Vorrang verdankt er dem Umstand, dass von Genf aus das Auge eines Knaben oft an seinen Hängen emporgeglitten war, dass er den beherrschenden Abschluss bildet für eine Landschaft, die der vagabondierende Jüngling zu durchstreifen liebte, dass zu ihm hin die sehnsüchtige Liebe des alternden Mannes ans der großen Menschenwüste Paris unablässig sich wandte. Wir alle, die wir heute das Gebirge mit ästhetischer Stellungnahme zu werten vermögen, haben diese Möglichkeit durch die *Nouvelle Héloïse*, wir sind alle die Schüler und Nachfolger Rousseaus.

Sechstes Kapitel

RELIGIONSPHILOSOPHIE

Es ist bezeichnend für Rousseaus Stellung zur Philosophie, dass er nur einmal im Zusammenhang seine philosophischen Ansichten entwickelt hat, und zwar im genauesten Anschluss an die erziehungstechnische Frage: Für welches Bekenntnis soll Emile erzogen werden? Die Antwort auf diese Frage will Rousseau nicht in eigener Person geben, er legt sie einem Diener der katholischen Kirche, einem savoyischen Vikar, in den Mund, den er in Turin kennengelernt hatte, und dessen Name, Abbé Gaime, wir aus den *Confessions* ergänzen können. Auf einem die Stadt Turin beherrschenden Hügel, im Angesicht der reichen Poebene und der sie abschließenden Schneeberge der Alpen habe ihm der ehrwürdige Priester die Gedanken entwickelt, die er nunmehr vortragen werde.

Damit ist das Interesse dieser Ausführungen klar bestimmt. Sie sind von vornherein religionsphilosophisch orientiert. Wie einst Augustin nichts weiter erkennen wollte als Gott und die eigene Seele, so haben auch für Rousseau alle anderen philosophischen Fragen ein Interesse nur insofern, als sie für die Erforschung dieser beiden wichtigsten Lebensfragen in Betracht kommen. Es handelt sich hier gar nicht um das Wissen um des Wissens willen, es handelt sich darum, ob des Menschen Seele an Gott glauben darf und wie sie es vermag, ihr Verhältnis zu Gott zu bestimmen. Rousseaus Stellungnahme zu allen Problemen, die ihn beschäftigten, ist nicht zu verstehen, wenn man sich nicht stets vor Augen hält, dass er sein ganzes Leben hindurch einen Kampf mit zwei Fronten zu führen gezwungen war. So stark und ausgesprochen auch seine Gegnerschaft gegen die traditionellen Autoritäten in Staat und Kirche hervortritt, so war er doch weit entfernt, mit der damaligen sensualistisch – materialistischen Aufklärungsphilosophie gemeinsame Sache zu machen. Eine große Anzahl der Widersprüche, die sich in den Diskussionen mit seinen Gegnern finden, rührt daher, dass er bald gegen die eine, bald gegen die andere Schar seiner Gegner sich decken und seine Streiche führen musste. Ebenso wie bei Kants Kampf gegen Dogmatismus und Skeptizis muss immer berücksichtigt werden muss, gegen welche Gegner sich Kant im einzelnen Fall richtet, ebenso ist auch die Stellungnahme Rousseaus in jedem einzelnen Fall bei der Kritik seiner Argumente zu berücksichtigen.

So ist denn auch hier in den Bekenntnissen des savoyischen Vikars die Gliederung in zwei Teile gegeben; die eine setzt sich mit der Philosophie des Zeitalters auseinander, die zweite bestimmt das Verhältnis des bei dieser Auseinandersetzung gewonnenen Standpunkts mit den Lehren der Offenbarungsreligion, des Christentums. In Anlehnung an Augustin und Descartes wird der Zweifel das methodische Prinzip, mit welchem der Vikar an die Lehren der Philosophie oder besser der Philosophen herantritt. Denn es lässt sich nicht leugnen, dass Rousseau sehr weit davon entfernt ist, die Gedankentiefe, die Intensität der Frage, wie sie bei seinen großen Vorgängern auftritt, auch nur annähernd zu erreichen. Er bleibt hier vielmehr überwiegend bei der Tatsache stehen, dass zwar alle Philosophen ihre Ansichten mit großer Autorität vorzutragen lieben, dass aber dieser Anspruch auf Autorität durch die tiefgreifenden Meinungsverschiedenheiten zwischen ihnen für den Prüfenden in nichts zerrinnt. Sieht man näher zu, so bemerkt man, dass es diesen Systematikern erst in zweiter Linie um die Wahrheit zu tun ist, in erster kommt es ihnen darauf an, durch ihren Geist, Scharfsinn und Gelehrsamkeit alle Gegner in den Sand zu strecken und ihre eigene Privatmeinung als gültige Wahrheit anerkannt zu sehen. Es ist daher geraten, will man zur Wahrheit gelangen, die sie verdunkelnden Schriften der Philosophen auf sich beruhen zu lassen und darauf zu vertrauen, dass dem redlich bei sich selber und bei der Natur Nachfragenden eine Antwort auf diese Fragen, soweit sie für das Wohl des Meschen unerlässlich ist, nicht versagt bleiben kann. Darüber hinaus aber kann auch der scharfsinnigste Philosoph nicht vordringen, und gibt er sich den Anschein, dies zu vermögen, so wird sein Einfluss auf die, welche ihm Glauben schenken, eher schädlich als förderlich sein.

Wie finde ich mich im Verhältnis zu den Dingen? Ich erhalte von allen Seiten durch alle meine Sinne Eindrücke, Wahrnehmungen, Empfindungen, denen ich mich nicht entziehen kann, die sich mir aufdrängen, in denen ich mich leidend, passiv verhalte. Wäre ich lediglich ein empfindendes Wesen, in dem sich vielleicht auch noch die Spuren früherer Empfindungen als Vorstellungen wiederholten, so wäre mein gesamtes psychisches Sein ein Produkt der Außenwelt, ich wäre ein rein passives Wesen, ich wäre das, wozu mich die Einwirkung der Dinge gemacht hätte. Aber die Beobachtung meines Seelenlebens lehrt mich die Unvollständigkeit dieser Ansicht, welche die Einzige ist, die für den konsequenten Sensualisten übrig bleibt. Ich nehme die Dinge nicht nur wahr, ich empfinde sie nicht nur, sondern ich vergleiche sie auch. Wenn ich zwei Dreiecke nicht nur sehe, sondern sie aufeinanderlege, um ihre Gleichheit und Verschiedenheit und den Grad dieser Verschiedenheit festzustellen, so gehe ich hier über die passive Empfindung hinaus. Ich sehe die Empfindungsgehalte in eine Beziehung zueinander, die sie für sich allein nicht haben würden; ich reflektiere auf diese Beziehungen und mache sie mir deutlich; ich verhalte mich nicht mehr leidend, ich bin tätig. Zugegeben, dass diese meine Tätigkeit die Empfindungen, die Dinge, braucht, um sich äußern zu können, so bleibt doch die Tatsache, die mein unmittelbares Gefühl mich lehrt, bestehen, dass mein Verhalten in dem einen Fall ein anderes ist als in dem anderen, und mein Verstand belehrt mich darüber, dass es ihm unmöglich ist, meinen Zustand als tätiges Wesen aus meinem Zustand als einem leidenden Wesen zu begreifen und abzuleiten. Dieser ursprüngliche Dualismus muss als Tatsache hingenommen werden und kann nur durch sophistische Scheingründe fortinterpretiert werden.

Wende ich mich nun im Besitz dieser Gewissheit den Dingen zu, so sehe ich auch hier dasselbe Verhältnis. Ich sehe Dinge, die ihren Platz behaupten, ich sehe andere, die sich bewegen, aber ich sehe auch, dass, wenn diese bewegten Dinge nicht beseelt sind wie ich, sie von selbst nicht ohne einen äußeren Anstoß von Ruhe in Bewegung übergehen können. Fehlt dieser äußere Anstoß, so beharren sie in träger Ruhe. Es sind also zwei Prinzipien, auf die ich unmittelbar bei Betrachtung der Dinge geführt werde: der Stoff und die Kraft; und es ist mir unmöglich, das eine auf das andere zurückzuführen. Das Dasein des Stoffes braucht keine weitere Erklärung, meine Wahrnehmungen überzeugen mich unmittelbar von seinem Vorhandensein, woher aber kommt der Anstoß, der sie bewegt? Auch hier brauche ich nur eine eigene Selbsterfahrung zu prüfen. Ich sehe, dass das, was meinen Körper bewegt, ein von demselben verschiedenes Prinzip, dass es mein Wille, meine Seele ist; ich sehe, dass bei allen sich von selbst bewegenden Körpern ein aktives Prinzip, eine Seele, vorhanden ist, ich muss eine ähnliche Kraftquelle nach allen Regeln der Erfahrung auch für die Bewegung der unbeseelten Körper annehmen. Wende ich aber nun mein Auge auf die wundervolle Ordnung, die in den Bewegungen der Weltkörper ersichtlich ist, vergegenwärtige ich mir die Gesetze, welche diese Bewegungen regeln, so werde ich die Quelle, von der diese Kraft ausgeht, nicht als eine blind wirkende mechanische Ursache denken können, ich werde sie als die Wirkung einer höchsten Intelligenz ansehen müssen, welche die Bewegungen der Materie mit höchster Weisheit angeordnet hat und aus dem trägen ungeordneten Stoff das wundervolle Weltsystem durch seine Kraft gestaltet hat, dem wir jetzt staunend gegenüberstehen. Ich werde mit einem Worte einen allweisen und allmächtigen Gott annehmen müssen, den Beweger der Welten, den weisen Ordner ihrer Bewegungen. Nur auf diese Weise kann ich das Dasein der Dinge, so wie es mich umgibt, wirklich verstehen. Wenn der Materialismus der Materie zugleich die Fähigkeit, sich zu bewegen, zuerkennt, so stellt er sich damit in Widerspruch zur alltäglichen Erfahrung. Denn diese zeigt mir wohl dauernd, dass Bewegung von einem Körper auf den anderen zwar übergeht, aber einen unbeseelten Körper, der seine Bewegung anfängt, ohne sie von außen erhalten zu haben, zeigt sie mir niemals. Selbst aber, wenn man dem Materialismus noch dieses Zugeständnis machen wollte, so ist er außerstande, mit seiner von selbst bewegten Materie das größte Wunder, das sich unserem Geiste darbietet, die Ordnung und Schönheit des Weltalls verständlich zu machen. Denn der Gedanke, womit der Materialismus diesem Problem gerecht zu werden vorgibt, dass die jetzige Ordnung das zufällige Ergebnis früherer ungeordneter Bewegungen ist, dieser Gedanke spricht allem, was wir sonst wissen und erleben, Hohn. Eher will der Vikar glauben, dass die Ilias und Odyssee einer zufälligen Kombination der Buchstaben des Alphabets ihre jetzige Ordnung und Schönheit verdanken, als dass er diesem Ungedanken Glauben schenken würde. So gewiss die Dinge sich bewegen, so gewiss brauchen sie eine Kraft, die sie bewegt; so gewiss diese Bewegung in schöner und vollendeter Ordnung vor sich geht, so gewiss muss diese Kraft von einem weisen und mächtigen Gott ausgehen.

Vergleichen wir diese Ableitung Gottes mit der, welche wir bei Descartes antreffen, so muss es uns merkwürdig erscheinen, dass man häufig in Rousseaus Verfahren eine genaue Analogie zu dem Descartes' in den Meditationen gesehen hat. Es kann kaum einen größeren Gegensatz geben, und zwar deshalb, weil die Absicht beider Denker eine ganz verschiedene ist. Was Descartes will, ist ein Kriterium der Gewissheit; sein Problem heißt: Wie ist Wissenschaft möglich; und so ist ihm durch die Existenz und Wahrheit Gottes auch die Existenz der Körper garantiert; Gott ist ihm also ein methodologisches Prinzip. Hätte sich ihm ein anderes dargeboten, das dieselben Garantien für die Begründung der Wissenschaft gegeben hätte, so wäre ihm dieses ebenso willkommen gewesen. Ganz anders liegt die Sache bei Rousseau. Er zweifelt gar nicht an der Existenz der Dinge; ein Argument von so bohrendem methodologischem Scharfsinn wie die von Descartes erwogene Möglichkeit, dass die gesamte Wirklichkeit ein Traumbild sein könne, mit dem ein mächtiger boshafter Genius uns narrt, ein so gefährlicher Gedankengang liegt dem einfachen savoyischen Vikar ganz fern. Es kommt ihm gar nicht auf die Möglichkeit der Wissenschaft, es kommt ihm auf die Unmöglichkeit des Atheismus an. Er fragt seinen Verstand, ob er haltbare Gründe gegen das vorbringen kann, wovon sein Herz von vornherein überzeugt ist, und er sieht mit frohem Erstaunen, dass der Verstand, wenn er vorurteilslos sich selbst, die Dinge und ihre Ordnung betrachtet, zu den nämlichen Resultaten führt, welche als Überzeugung des Herzens den Wert des Lebens ausmachen. „Ein wenig Philosophie führt von Gott ab, die ganze Philosophie führt zu ihm zurück." Dieses Wort des englischen Denkers ist Rousseau aus der Seele gesprochen. Daher erscheint auch bei Descartes Gott nur als die erkenntnistheoretische Garantie für den Schritt von Selbstbewusstsein zu den Dingen, denn die Erkenntnis der Dinge ist die Aufgabe der Wissenschaft. Bei Rousseau weisen die Dinge und ihre Ordnung uns den Weg zu Gott, denn zu Gott zu gelangen, trotz Atheismus und Materialismus, ist das Ziel seiner Sehnsucht.

Der Gott aber, zu dem das gläubige Herz den Menschen drängt, ist nicht so sehr der mächtige und weise Lenker der Dinge, er ist der allgütige Gott. Auf diese Eigenschaft kommt es daher Rousseau vor allem an. In dem Glaubensbekenntnis des savoyischen Vikars scheint nun die Güte Gottes, seine liebende Fürsorge für den Menschen schon mit der zweckmäßigen Einrichtung und Schönheit der Welt gegeben. Ein starkes anthropozentrisches Element flicht sich in die Erwägungen, die der Vikar anstellt, ein. Damit Menschen in Sicherheit auf dieser Erde wandeln und auf ihr glücklich werden könnten, damit sie hier ihren Unterhalt bereit fänden, damit alle ihre natürlichen Bedürfnisse leicht und sicher befriedigt werden könnten, zu diesem Zweck hat eine liebende Fürsorge dem Menschen diesen seinen Wohnplatz so weise gestaltet. Jede Einsicht in die Vollkommenheit dieser Einrichtung erfüllt unser Gemüt mit immer neuer Dankbarkeit und Liebe gegen den gütigen Gott. In dem Sendschreiben an Voltaire aus Anlass des Erdbebens von Lissabon von 1755 ist Rousseau auf diese Probleme ausführlicher eingegangen. Der Eindruck, den dieses Ereignis auf die Gemüter machte, war ein gewaltiger und ist für uns heute nicht mehr ganz leicht verständlich. Wir bedürfen solcher außergewöhnlicher Geschehnisse nicht mehr, um uns das Problem, wie die Güte Gottes mit dem Elend der Menschen zu vereinen sei, immer wieder in den Vordergrund unserer Betrachtungen rücken zu lassen. Wenn wir einen guten Menschen in qualvoller Krankheit dahinsiechen sehen, so genügt eine solche schmerzliche Erfahrung, um die ganze Tiefe des Problems vor uns aufzurollen. Das achtzehnte Jahrhundert brauchte stärkere Erschütterungen, um in seinem Denken dem Problem die zentrale Stellung zu geben, und es fand diese in dem plötzlichen Ruin einer blühenden und volkreichen Stadt, denn nur so konnte die feste Überzeugung, dass alle Vorgänge der Welt auf das Wohl des Menschen abzielten, hinlänglich erschüttert werden, um dem bangen Zweifel an der Richtigkeit dieser Voraussetzung Raum zu machen. Am einfachsten fanden sich Männer vom Schlage des Dr. Johnson mit dem erschütternden Ereignis ab, indem sie entschlossen seine Existenz bezweifelten oder doch mindestens die Berichte über die Zerstörung so vieles Menschenglücks für sehr übertrieben erklärten. Andere theologische Moralisten waren gleich bei der Hand, das Erdbeben als eine Strafe Gottes für die sittenlosen Bewohner der Hafenstadt zu erklären. Gegen diese skrupellosen Verteidiger der Güte Gottes hatte Volaire leichtes Spiel, wenn er mit dem Verse: *„Lisbonne est en ruines et l'on danse à Paris"* die gründliche Verlogenheit ihrer Argumente an den Pranger stellte. Aber auch für ihn blieb zuletzt nichts anderes übrig, als der Rat an den denkenden Menschen, gegenüber solchen vereinzelten Erscheinungen, deren Bedeutung der menschliche Verstand nicht zu enträtseln vermöge, sich immer wieder zurückzuwenden zu den ewigen Ordnungen des Alls, in denen die Weisheit der göttlichen Weltregierung, die auf das All und nicht auf den Menschen abziele, unwiderleglich sich darstelle.

Das ist der Standpunkt des Newtonianers, den die Wissenschaft zu Gott führt, und der über der Weisheit Gottes leiht die Güte Gottes aus den Augen verliert. Rousseau ist weit davon entfernt, die Ausführungen Voltaires an sich zu tadeln, aber sie scheinen ihm unvollständig und, insofern sie eine Rücksichtnahme Gottes auf das Wohl der vernünftigen Wesen in Frage stellen, sogar falsch. Die Weisheit Gottes, so gewiss sie aus der Ordnung der Dinge erkannt werden kann, ist nicht seine höchste Eigenschaft, sondern dies ist allein seine Güte. Freilich hat diese Güte nicht den einzelnen Menschen, sondern die Menschheit als Ganzes, nicht allein die Menschheit, sondern das Wohl aller beseelten Wesen, auch derer, die andere Gestirne bewohnen, zum Gegenstand, und so kann es denn leicht sein, dass einzelne leiden müssen, damit das Wohl aller gesichert werde. Niemals aber wäre der Gedanke erträglich, dass, um einer starren Gesetzmäßigkeit des Alls wegen, ein einzelnes fühlendes Wesen Qual erdulde, wenn wir nicht von vornherein überzeugt wären, dass diese Gesetzmäßigkeit das sinnreiche Mittel ist, das eine höchste Güte gewählt hat, um das Glück der Gesamtheit seiner Geschöpfe zu sichern. Der Unterschied zwischen dem Gottesbegriff Voltaires und dem Rousseaus liegt darin, dass der eine auf verstandesmäßiger, der andere auf moralischer Grundlage beruht. Daraus ergibt sich auch, dass Rousseau im Emile allen Schwierigkeiten gegenüber, welche das Denken in dem Verhältnis von Gott und Welt findet, sich sehr reserviert und skeptisch verhält. Es genügt, dass Gott existiert, und dass er die Ursache der Ordnung der Welt ist, alles weitere ist ziemlich gleichgültig. Wenn er im Emile und später in seinem Brief an den Erzbischof von Paris energisch dafür eintritt, dass Gott nur als Weltbildner, nicht als Weltschöpfer gedacht werden dürfe, so hängt dies weniger mit Rousseaus theoretischen, Ansichten, sondern wieder mit seinen moralischen zusammen, für welche ein strenger Dualismus die Voraussetzung ist, die er bis in die letzten Gründe des Seins verankern wollte.

So ist das Verhältnis von Gott und Mensch das eigentliche Problem der Religionsphilosophie Rousseaus. Wie lässt sich die Freiheit des Menschen mit der Allmacht Gottes, wie lassen sich sein Elend und seine Sünde mit Gottes Güte vereinen? Auch hier ist es charakteristisch, wie Rousseau durchaus nicht gesonnen ist, dem theoretischen Gedanken der Allmacht Gottes die praktische Überzeugung von der menschlichen Freiheit zu opfern. Gott hat den Menschen als freies Wesen geschaffen, weil er ihn als moralisches Wesen wollte und weil Moral ohne Freiheit eine Unmöglichkeit ist. Ein unfreies Wesen folgt den Gesetzen des Weltalls, es kann daher zwar glücklich, aber niemals frei werden; ein vernünftiges Wesen muss vor die Wahl gestellt werden, wie es sein Glück verwirklichen will, sein Glück kann immer nur das Resultat seiner freien Entschließung sein. Es kann glücklich nur sein, wenn es sich zur Sittlichkeit entschließt, und mit der Möglichkeit dieses Entschlusses zur Sittlichkeit ist auch die des Gegenteils gegeben. Gott konnte keine sittlichen Wesen schaffen, ohne zugleich unsittliche und lasterhafte zuzulassen, das Unglück der einen musste in den Kauf genommen werden, damit das erhabene Schauspiel der anderen im Weltall möglich sei. Die ganze Gleichgültigkeit Rousseaus theoretischen Fragen gegenüber wird vielleicht am deutlichsten bei der Behandlung der Frage sichtbar, wie die Tätigkeit freier Wesen mit der strengen Kausalität, welche die Wissenschaft fordert, vereinbar sei. Bald weist, er darauf hin, dass diese Tätigkeit im göttlichen Weltplan vorgesehen sei, womit sie dann allerdings wieder als nezessitiert erscheinen würde, bald zeigt er, dass gegenüber den großen Verhältnissen des Weltgeschehens die Wirkungen der freien Tätigkeit des Menschen als verschwindend kleine Größen behandelt und vernachlässigt werden dürfen, womit in gleicher Weise die allgemeine Gesetzlichkeit des Geschehens aufgehoben und die sittliche Tätigkeit des Menschen zur *quantité négligeable.* herabgedrückt erscheint. Aber es ist augenscheinlich, dass Rousseau der Lösung dieser Antinomie, welche den Riesengeist Kants beschäftigen sollte, gar kein tieferes Jnteresse entgegenbringt, ihm genügt die Gewissheit, ein freies moralisches Wesen zu sein.

Ja, zu noch tieferen Gedanken wird Rousseau geführt, wenn er das Verhältnis der menschlichen Seele zu Gott erwägt. Auch hier ist er aus moralischen Gründen nach seinem unmittelbaren Gefühl von der Unsterblichkeit der Seele ohne weiteres überzeugt. Die theoretischen Beweise, die hauptsächlich auf die immaterielle Natur der Seele und ihre Einfachheit zurückgehen, werden auch hier mit einer auffallenden Kürze behandelt. Es handelt sich eben wieder nur darum, einzusehen, dass der Verstand gegen die Überzeugungen des Herzens nichts Stichhaltiges vorzubringen weiß, ja sogar wenn er ohne Sophistik verfährt, diese nur zu bestätigen vermag. Umso größer aber ist die moralische Bedeutung des Unsterblichkeitsglaubens. Das ganze irdische Leben rückt durch die Gewissheit, dass ich über dies Leben nach einer kurzen Spanne von Jahren Rechenschaft ablegen muss vor dem, welcher es mir gegeben, in einen großen und furchtbaren Zusammenhang. Der Vorteil, dessen sich der Ungerechte hier auf dieser Erde zu erfreuen vermag, das Unglück, welches den Gerechten hienieden verfolgen kann, was bedeuten sie gegen die Tatsache, dass ihrer ein liebevoller aber strenger Richter harrt, vor dem der Tyrann ohne seinen Hofstaat, ein Lazarus ohne seine Schwären erscheint. Das alte Problem aus dem Buch Hiob findet seine Auflösung durch die Gewissheit der Unsterblichkeit der Seele und ihres Gerichts vor Gottes Richterstuhl. Freilich ist auch hier Rousseau geneigt, der Güte Gottes vor seiner Gerechtigkeit den Vorzug zu geben. Dass ein liebender Vater seinem, wenn auch aus eigenem Entschluss schuldig gewordenen Kinde gegenüber ewig zürnen sollte, das erscheint ihm unglaublich. Er fasst die Strafen im Jenseits als einen Erziehungs- und Läuterungsprozess der Seele des Sünders auf; die harte Lehre von der Ewigkeit der Höllenstrafen, gegen die sich überall der philanthropische Geist des 18 Jahrhunderts auflehnte, ist auch für Rousseau mit einer richtigen Vorstellung Gottes unvereinbar und nur als eine Erfindung harter und eifernder Priester zu verstehen.

So brauchen wir nur die Wunder des Weltalls und unsere eigene Seele zu befragen, um zu einer Vorstellung von Gott zu gelangen, die vielleicht weder dem Theologen noch dem Philosophen genügt, die uns aber in eine lebendige Beziehung zum Urquell der Dinge bringt und unser ganzes Leben auf ihn hinrichtet und durch die Liebe zu ihm regelt. Wenig kommt es darauf an, in welchen Worten, mit welchen Formeln wir diese Beziehung ausdrücken, genug, wenn sie in unserem Gefühl lebendig ist. Die alte Frau, die zum

Himmel aufblickend nur ein „oh, oh" stammelt, hat ein frömmeres Gebet zu Gott gesendet und eines, das ihn mehr erfreut, als die langen Litaneien, die mechanisch heruntergehaspelt werden. Sehr wenig kommt es darauf an, ob wir es vermögen, diese lebendige Beziehung zu Gott in ein System zu bringen und sie mit spitzfindigen Syllogismen zu verteidigen. Die Lehre, welche Kant formuliert, dass es von der größten Wichtigkeit sei, vom Dasein Gottes überzeugt zu sein, aber dass es wenig darauf ankomme, diese Existenz auch beweisen zu können, sie ist unter dem Einfluss Rousseaus entstanden. Es ist die für den Stolz des Gelehrten so demütigende, für die Würde des Menschen so erhebende Überzeugung, dass es keiner Schulsysteme der Philosophie bedarf, um ein sittlich guter, innerlich frommer Mensch zu sein, eine Überzeugung, die von Kant zum Grundpfeiler seiner Lehre vom guten Willen gemacht werden sollte. Die Ideale der praktischen Vernunft: Gott, Freiheit und Unsterblichkeit sind auch für Rousseau die Trias gewesen, in der sich seine Ethik zur Religion entfaltete.

Damit wird aber freilich der Wert der Offenbarung höchst problematisch. Wenn es für jeden Menschen möglich ist, den Weg zu Gott zu finden, so ist es schwer denkbar, weshalb dieser Weg nur denen offen stehen solle, welche den Zugang zu einem bestimmten Buch haben finden können. Wenn Gott zu uns dauernd durch die Stimme unseres Gewissens und die Wunder seiner Werke spricht, wozu bedarf es der Kenntnis bestimmter Ereignisse, die einmal gewesen sind und von denen wir keine direkte Anschauung, kein unmittelbares Gefühl haben? Ist es wirklich denkbar, dass der gütige Gott alle diejenigen unter seinen Geschöpfen mit seinem Zorn und harten Strafen bedroht, welche sich nicht von der Wahrheit dieser Berichte überzeugen können? Nein, das will, das kann der Vikar nicht glauben. Wenn dem aber doch so wäre, so käme offenbar alles darauf an, den Sinn dieser heiligen Schrift richtig zu fassen, denn ein Irrtum in dieser Hinsicht würde ja von den erheblichsten Folgen für unser ewiges Heil sein müssen. Nun sind aber diese Schriften in fremden Sprachen verfasst, sie erzählen von Ländern, Sitten und Gebräuchen, die wir nicht selber kennen, ohne diese Kenntnis aber müssen diese Worte für uns ein leerer Schall bleiben. Man wende hier nicht ein, dass wir gute Übersetzungen dieser Bücher haben, und weise Lehrer, welche uns die Wahrheit dieser Schriften vermitteln; wenn ich sehe, wie verschieden diese Übersetzungen sind, wenn ich erwäge, wie diese weisen Männer über die wichtigsten Stellen der heiligen Bücher miteinander hadern, so schmilzt mein Vertrauen auf diese Hilfsmittel sehr zusammen; trotzdem kommt alles für mich darauf an, den wahren Sinn der Offenbarung mir zu eigen zu machen. Ich werde also diese fremden Sprachen lernen müssen, ich werde die verschiedenen Lesarten miteinander zu vergleichen haben, um die richtige herauszufinden, ich werde Reisen in das Heilige Land unternehmen müssen, ich werde es niemals wagen dürfen, mich mit einem „vielleicht" zu begnügen, denn meiner Seele Seligkeit ist daran geknüpft, dass ich hier zur Sicherheit gelange. Kann Gott dies gewollt haben, und ist es wahrscheinlich, dass ich an diesem mühevollen und langwierigen Wege aller meiner Zweifel Herr werde? Und wenn mich der Tod früher hinrafft, was dann? Und all die Millionen Menschen, die diesen Weg nicht beschreiten können, und die geboren werden, leben und sterben, ohne jemals etwas vom Evangelium gehört zu haben? Nein, der Glaube an eine Offenbarung kann keine notwendige Voraussetzung der Seligkeit sein!

Hat nun deshalb, wie der Erzbischof von Paris folgern zu müssen meinte, für den savoyischen Vikar die Bibel keinen Wert mehr? Ist die Gestalt Christi für ihn bedeutungslos geworden? Dagegen hat sich Rousseau, der Zeit seines Lebens ein eifriger Bibelleser war, entrüstet verwahrt, und sein Vikar glaubt sogar, das Amt eines Seelsorgers innerhalb der katholischen Kirche trotz oder vielmehr gerade wegen seiner Ansichten versehen zu können. Er wird freilich nicht Unduldsamkeit und Hass gegen Andersgläubige predigen, aber alles Gute, alle Frömmigkeit, die er in den Herzen seiner Pfarrkinder findet, wird er durch seine Worte zu stärken bemüht sein, er wird teilnehmen an ihren Freuden, er wird sie im Unglück trösten, er wird in Krankheit und bei ihrem Hinscheiden an ihrem Bette nicht fehlen, er wird sie Gott mehr lieben als Fürchten lehren, und er wird damit glauben, dem Beispiel Christi zu folgen. Die Bibel wird für ihn ein erhabenes Buch sein voll großer Gedanken über Gott und göttliche Dinge, und Christus der Vertreter der reinsten Moral und der innigsten Frömmigkeit. Aber ebenso wie Christus sich an alle Menschen wendete, die guten Willens waren, so vermag auch Rousseau nicht auf das zu sehen, was die Menschen in ihren religiösen Überzeugungen voneinander trennt, sondern nur das ist wertvoll, was allen gemeinsam ist; denn das Trennende sind die zufälligen Historischen Gestaltungen, die in der Zeit entstanden sind und mit der Zeit wieder vergehen werden. Das Gemeinsame aber, der Kern; der in allen diesen zeitlichen und vergänglichen Hüllen steckt, ist das Verhältnis der menschlichen Seele zu Gott; das fromme Gefühl, das Gott selber jedem, der Menschenantlitz trägt, in die Seele gelegt hat. Dies zu achten, in welcher Form es auch auftrete, dies zu immer höherer Reinheit zu entwickeln in sich und anderen, das ist die Aufgabe des wahren Frommen und des wahren Geistlichen; bei aller Demut, bei allem Bewusstsein der eigenen Schwäche und Unzulänglichkeit glaubt sich der Vikar dieses Namens und dieses Amtes nicht unwert.

Es ist vielleicht hier der Ort, auf die angebliche Geschichtslosigkeit des achtzehnten Jahrhunderts und den Anteil, den sie auf Rousseaus Gedankenbildung gehabt, mit einigen Worten einzugehen. Vor allem darf diese Geschichtslosigkeit nicht als Mangel an Interesse für die Vergangenheit aufgefasst werden. Einige der größten Historiker aller Zeiten und Völker haben nicht nur im achtzehnten Jahrhundert gelebt, sondern sind, wie Hume und Gibbon, unter die größten Vertreter der Aufklärungstendenzen des achtzehnten Jahrhunderts zu rechnen. Ebenso haben wir bereits bei Rousseau auf sehr genaue und eingehende historische Kenntnisse, namentlich in der Geschichte seiner Vaterstadt hinweisen können, die es ihm ermöglichten, dem besten Kenner der Genfer Verfassungsgeschichte gegenüber, Tronchin, siegreich das Feld zu behaupten. Trotzdem liegt der landläufigen Redensart vom unhistorischen achtzehnten Jahrhundert ein guter Sinn zugrunde, den wir durch Windelbands und Rickerts methodologische Untersuchungen genau zu formulieren gelernt haben.

In zwei Richtungen kann sich unser theoretisches Interesse an den Dingen betätigen. Wir können einerseits an ihnen das hervorheben, was ihnen mit allen anderen Dingen gemeinsam ist, die allgemeinen Gesetze ergründen, welche für alles Geschehen an jedem Ort und zu jeder Zeit gelten; dies ist, das Interesse, welches die Naturwissenschaft leitet. Wir können andererseits danach streben, die Dinge in ihrer Eigenart und Einzigartigkeit zu erkennen, an ihnen nicht das hervorzuheben, was ihnen mit allen übrigen Dingen oder auch nur mit denen derselben Gattung gemeinsam ist; wir wollen wissen, „wie es eigentlich gewesen", wir verfahren als Historiker. Natürlich wird auch der Naturforscher das Einzelding betrachten, von ihm ausgehen müssen, aber dies E i n z e l d i n g interessiert ihn nur insofern, als es ein E i n z e l f a l l ist, sei es einer allgemeinen Regel, sei es eines allgemeinen Typus. Betrachten wir unter diesem Gesichtspunkt das Verfahren der Historiker des achtzehnten Jahrhunderts, so werden wir sie ausnahmslos naturwissenschaftlich interessiert finden; selbstverständlich ist es auch ihr Bestreben, die vergangene Wirklichkeit kennen zu lernen, aber das, was sie in dieser Vergangenheit als wertvoll erblicken, sind die allgemeinen Züge, die in der Natur des Menschen angelegt, zu jeder Zeit und an jedem Ort wiederkehren, sobald dieselben Bedingungen gegeben sind. So will uns Gibbon zeigen, welchen verderblichen Einfluss religiöser Aberglaube und Fanatismus auf den Bestand großer Reiche habe; so kommt es Montesquieu nicht darauf an, uns die Gesetzgebung der Vergangenheit kennen zu lehren, sondern er will aus dieser Kenntnis den „Geist der Gesetze" verstehen; so überließ es Voltaire untergeordneten Mitarbeitern," die trockenen Einzelheiten der deutschen Rechtsgeschichte zu durchforschen und für ihn zu exerpieren; er selbst zog dann das allgemein Interessante, die philosophischen Schlussfolgerungen heraus, welche erst die eigentliche Bedeutung der Arbeit ausmachten. Vielleicht ist hier am deutlichsten der Unterschied der naturwissenschaftlichen und der historischen Betrachtungsweise ersichtlich. Was den Historiker Rankescher Richtung allein interessieren würde, fiel überhaupt gar nicht in den Arbeitsbereich des philosophischen – wir würden heute sagen naturwissenschaftlichen – Geschichtsforschers des achtzehnten Jahrhunderts.

Wenden wir von diesem Standpunkt aus unseren Blick auf Rousseaus Stellung zu den Religionen, so wird uns diese gleichfalls als an der naturwissenschaftlichen Begriffsbildung orientiert erscheinen. Rousseau trat an die einzelnen Religionen mit einem analogen Interesse heran, wie es der Naturforscher gegenüber einer Mannigfaltigkeit von Dingen hat, die es in Arten und Gattungen einzuteilen gilt. Die wertvollen Eigenschaften dieser Dinge werden ihm die sein, welche sich bei sämtlichen Exemplaren vorfinden, die als das Allgemeine in ihnen gegenüber dem Individuellen, das für die Klassifikation wertlos ist, angesehen werden können. Ganz ebenso gilt Rousseau als das Wertvolle in den einzelnen historischen Religionen das, was er in jeder derselben antreffen zu können glaubt, alles andere ist zufällige historische Bildung, die in besten Fall als unwesentlich beiseite gelassen werden kann, im schlimmeren aber da, wo sie die gemeinsamen Merkmale überwuchert und verzerrt, ihre Gläubigen gegen diese Gemeinsamkeit blind macht, nicht nur als wertfrei, sondern als wertlos und wertfeindlich anzusehen ist. Als das Ideal dieser Betrachtungsweise der Religionen, als der reinste Ausdruck dieses auf das Allgemeine gerichteten Interesses, auf jenes Allgemeine, das eint, während das Besondere trennt, wird für alle Zeiten Lessings unsterblicher Nathan gelten.

Was uns diese Betrachtungsweise heute teilweise fremd erscheinen lässt, ist eben der Umstand, dass wir durch die Arbeit des neunzehnten Jahrhunderts die Möglichkeit gewonnen haben, die Dinge nicht nur naturwissenschaftlich, sondern auch historisch zu betrachten. Nicht das interessiert uns an Bismarck, was er mit allen übrigen Staatsmännern gemeinsam hat, sondern was ihn von allen übrigen unterscheidet, einzig und allein ihn zukommt. Bei aller Würdigung dessen, was Goethe mit den Stürmern und Drängern verbindet, kommt es uns namentlich doch darauf an, zu erkennen, worin die Einzigartigkeit seines Götz und seines Werther besteht. Und so ist auch unsere Stellung zu den Religionen eine durchaus andere geworden. Wir streben nicht mehr danach, aus allem, was irgendwo und irgendwann einmal geglaubt worden ist, das *caput mortuum* einer „natürlichen" Religion herauszudestillieren. Das, was allen Religionen gemeinsam ist, ist für diese Betrachtungsweise gerade das, worauf es nicht ankommt, was im besten Fall gerade gut genug ist, um die Paragraphen eines schlechten Kolleghefts über Religionsphilosophie mit magerem Stoff zu erfüllen. Das Wertvolle aber in den einzelnen Religionsystemen, das, woran das 18. Jahrhundert achtlos vorbeiging, ist gerade das, was sie von allen übrigen Religionen spezifisch unterscheidet. Wie wir nicht eine Frau überhaupt, einen Gattungsbegriff, heiraten können, sondern diese individuelle Persönlichkeit für dieses individuelle Leben zu gewinnen streben, so kann auch die Religion nur durch den Mund eines individuellen Menschen für uns zur Lebensmacht werden. Nicht darauf kommt es an, was immer, was überall, was von allen geglaubt worden ist; das kann mich alles nicht retten; sondern darauf kommt es an, dass ich den Mittler finde, der mich meinen Weg zu Gott führt. Es ist interessant zu beobachten, wie an einer Stelle dieser Gedanke, dass nur im Individuellen Leben ist, sich auch schon bei Rousseau und gerade bei ihm anmeldet. In der *Nouvelle Héloïse* haben wir gesehen, wie sich das Interesse auf die ganz persönlichen Geschehnisse St. Preux' und Julies konzentriert. Um ihr individuelles Wohl und Wehe handelt es sich hier, so sehr auch das allgemein Menschliche in ihrem Kampf gegen die gesellschaftlichen Vorurteile betont wird. Die Verbindungen zwischen dem Roman und der Geschichte sind alt. Schwartz hat uns gezeigt, wie bei den Griechen aus dem Erzählen des Geschehnisses der Roman herauswächst. Vielleicht lässt sich in unserer Zeit das Umgekehrte feststellen. Nachdem das individuelle Schicksal erdichteter Personen im Roman die Menschen an diese Art und Betrachtung gewöhnt hatte; konnte sich auch dies Interesse auf den wirklichen Menschen der Gegenwart und dann auf den der Vergangenheit übertragen. Die Biographie und namentlich die Autobiographie ist die Brücke, die hinüberführt zur modernen Geschichtsbetrachtung, und auch hier finden wir Rousseau mit seinen *Confessions* als den bedeutendsten Pionier einer künftigen Zeit. Die engste Verbindung aber dieser beiden Gebiete erblicken wir dann, wenn wir den Wilhelm Meister mit dem historischen Werke vergleichen, das nicht umsonst den Titel „Dichtung und Wahrheit" führt.

Es ist im Verlauf unserer Darstellung dauernd des Einflusses gedacht worden, den Rousseau auf die ganze Gedankenbewegung des deutschen Idealismus gehabt hat. Ihr gegenüber erscheint der Einfluss Rousseauscher Gedanken auf die politische und literarische Entwicklung in Frankreich fast als geringfügig. Gewiss, die Bergpartei stritt ebenso unter dem Zeichen Rousseaus wie die Gironde unter dem Voltaires, gewiss in *Maine de Biran* wurden die Konsequenzen der Gedanken Rousseaus für die Philosophie ebenso gezogen wie in George Sand für die Literatur. Aber schon bei der romantischen Richtung in der französischen Literatur erscheint es mitunter zweifelhaft, ob ihre Prinzipien direkt aus Rousseau entwickelt, oder aus den deutschen Fortbildungen dieser Gedanken übernommen sind. Im Wesentlichen vollzieht sich die Fernwirkung auf deutschem Boden; hier wurde Rousseau nicht das Fundament einer Guillotine, sondern einer neuen Kultur. In den mannigfaltigsten Wendungen begegnen wir hier Rousseaus Gedanken, vertieft, erweitert, geläutert, aber doch unverkennbar Geist von seinem Geist. Kant und Herder, Goethe und Schiller, sie sind ohne Rousseau nicht zu denken, und durch sie bildete sich die neue Wissenschaft, die neue Philosophie, die neue Dichtung des deutschen Idealismus. So tritt Rousseau ein unter die Heroen eines Volkes, auf dessen Boden er niemals den Fuß gesetzt, bei welchen eine Freistätte zu suchen, er selbst in der äußersten Not verschmäht hat. Wir haben mehr aus Rousseau gewonnen, als wenn wir ihn unseren Landsmann hätten nennen können. Wir haben seinen Geist zu uns herübergezogen, wir haben ihn uns zugeeignet. Die tausend Anregungen, die er verschwenderisch ausgestreut hat, sind in Deutschland auf guten Boden gefallen und haben hundertfältig Frucht getragen. Daher haben wir ein Recht auf Rousseau, wie der der rechte Erbe ist, der das überkommene sich zueignet, indem er es nützt. Und wenn wir an der Fortbildung des deutschen Idealismus weiter arbeiten, wenn wir in ihm das Heil für die schweren Zweifel und Schäden auch unserer Zeit erblicken, dann ziemt es sich auch, des Mannes zu gedenken, der allen den Großen unseres Volkes teuer war als ihr Lehrer, des großen Heimatlosen an der Grenze zweier Zeitalter.

Synchronistische Tabelle

über Leben und Schriften Jean-Jacques Rousseaus

Leben	Schriften

Leben

1712 28. Juni zu Genf geboren, Vater Uhrmacher, Mutter eine geborene Bernard, stirbt nach der Geburt.

1722 Sein Vater verlässt Genf; J.-J. kommt zu einem Onkel Bernard, dann zu Pfarrer Lambercier nach Bossey bei Genf.

1724 Zurück zu seinem Onkel; Lehrling beim Gerichtsschreiber Masseron.

1725 Lehrling beim Graveur Ducommun (S. 9).

1728 März, verlässt Genf (S. 9) Ostern, lernt Mme de Warens kennen. 27. April, tritt in Turin zur kath. Kirche über, wird Lakei bei der Gräfin Vercellis, nach deren Tode zum Grafen Gouvonz; lernt

1729, den Abbé Gaime (S. 73) kennen. Verlässt den Dienst und kehrt nach Annecy zu Mme de Warens zurück. Ein Versuch, Priester zu werden, scheitert (S. 11)

1730 Studiert Musik bei Le Maître, begleitet ihn nach Lyon und verlässt ihn dort (S. 15), gibt in Annecy Musikunterricht, trifft mit Frl. Galley und Graffenried zusammen (S. 14, 66).

1731 Streift abenteuernd in der Schweiz und Frankreich umher, kehrt

1732 zu Mme de Warens nach Chambéry zurück, Mme de Warens wird seine Geliebte (S. 14), wird Geometer, später wieder Musiklehrer.

1736 Zur Wiederherstellung seiner Gesundheit Aufenthalt in Les Charmettes.

1737 Sept. Reise nach Montpellier, um Heilung zu suchen.

1738 Rückkehr zu Mme de Warens.

1740 Hauslehrer in Lyon bei Herrn von Mably (S. 48).

1741 Rückkehr nach Chambéry. Trennung von Mme de Warens, geht nach Paris, um seine Theorie d. Musik der Akademie vorzulegen.

1742 22. Aug., Sitzung der Akademie, Rousseau legt seine Schrift vor, wird beim Finanzpächter Dupin eingeführt.

1743 Geht als Sekretär des Gesandten Montaigue nach Venedig (S. 43).

1745 Rückkehr nach Paris, Bekanntschaft mit Thérèse Levasseur (S. 14), Aufführung der Muses galantes, Tod des Vaters. Wird Kollaborator bei Francueil. Freundschaft mit Grimm und Diderot (S. 12).

1749 Gefangenschaft Diderots in Vincennes (S. 13, 17). Rousseau gibt sein Amt als Kollaborator auf. Kopiert Noten gibt sein Amt als Kollaborator auf. Kopiert Noten.

1750 Rousseau gewinnt den Preis der Akademie von Dijon (S. 19).

1738 *Réponee au Mémoire anonyme, intitulé: Si le monde que nous habitons est une sphère.*

1739 *Le Verger des Charmettes,* philosophisches Gedicht.

1740 Schrift über das Notensystem (S. 10).

1742 *Oper Lés Muses galantes,* Luftspiel *Les Prisonniers.*

1743 *Sur la Musique moderne.*

1747 Lustspiel: *L'Engagement téméraire,* Gedicht: *L'Allée de Sylvie.* Leben.

1750 *Discours qui a remporté le "prix à l'Académie de Dijon en 1750; Si le rétablissement des sciences et des arts a contribué à épurerles moeurs* (S. 19).

1751 Observations sur une réfutation du Discours par le roi de Pologne (S. 19).

1752 Aufführung des *Devin du Village* in Fontainebleau (S. 6).

1753 *Lettre sur la Musique française. L'origine de l'inégalité parmi les Hommes*, gedruckt 1766 (S. 17f.).

1754 Reise nach Genf, tritt zum Kalvinismus über, erlangt das Bürgerrecht (S. 9).

1755 Artikel: *Économie politique* in der Encyclopédie (S. 24).

1756 9. April zieht in das Landhaus der Mme d'Epinay L'Ermitage bei Montmorency. Verhältnis zur Gräfin d'Houdetot (S. 14).

1756 *La Reine fantasque*, komisches Märchen. Schreibt *la Nouvelle Héloïse* (erscheint 1761) (S. 65), *Extrait de la paix perpétuelle de l'Abbé de St. Pierre. Extrait du traité sur la polysynodie. Lettre à Voltaire* (S. 85).

1757 Verlässt die Ermitage. Bruch mit Mme d'Epinay, Grimm und Diderot (S. 13).

1757 *Lettre à d'Alembert sur les Spectacles* (S. 27).

1759 Zieht in das dem Marschall von Luxembourg gehörige kleine Schloß von Montmorency.

1762 Haftbefehl des Parlaments. 8. Juni verlässt Rousseau Montmorency, Flucht nach der Schweiz. Der Emile in Genf verbrannt (S. 43). Rousseau aus Bern ausgewiesen, findet Zuflucht in Motiers – Travers im preußischen Neufchatel. Freundschaft mit Lord Maréchal Keith (S. 13).

1762 *Contrat social* (S. 29)
    Émile (S. 47).

1763 (12. Mai) Rousseau gibt sein Genfer Bürgerrecht auf.

1763 *Lettre à Christophe de Beaumont, Árchevêque de Paris.* (S. 81).

1764 *Lettres écrites de la Montagne* (S. 44).

1765 Sept., wird aus Motiers vertrieben, flüchtet nach der Isle St. Pierre im Bieler See, von da ausgewiesen, nach Straßburg. 2. Nov. mit David Hume nach England.

1765 Entwurf zu einer Verfassung für Korsika (S. 45).

1766 Nach Wooton zu Davenport. Beginn der Geisteskrankheit (S. 16).

1766 Schreibt an den *Confessions* (erschienen 1782) (S. 8–17).

1767 Flucht nach Frankreich, Aufenthalt im Jagdschloss Trye des Prinzen Conti.

1768 Reise durch Frankreich; längerer Aufenthalt in Bourgoin, dort Eheschließung mit Thérèse, (August).

1769 Monquin (Beschäftigung mit Botanik) (S. 11)

1770 Paris. Liest die *Confessions* vor, diese Vorträge polizeilich verboten.

1774 Zusammentreffen mit Gluck.

1778 (20. Mai) Nach Ermenonville zu M. de Girardin. 2. Juli Tod (S. 15).

1767 *Dictionnaire de Musique.*

1769 *„Quelle est la vertu la plus' nécessaire aux héros?"*

1770 *Considérations sur le gouvernement de Pologne* (erschien: 1782) (S. 44). *Rêveries d'un „promeneur solitaire* (erschien 1782) (S. 17).

1772 – 1776 *Rousseau juge de Jean Jacques, Dialogues* (S. 17).